CONFISSÕES

de SABEDORIA

e AMOR
ROMANCE MEDIÚNICO

Solicite nosso catálogo completo, com mais de 350 títulos, onde você encontra as melhores opções do bom livro espírita: literatura infantojuvenil, contos, obras biográficas e de autoajuda, mensagens espirituais, romances, estudos doutrinários, obras básicas de Allan Kardec, e mais os esclarecedores cursos e estudos para aplicação no centro espírita – iniciação, mediunidade, reuniões mediúnicas, oratória, desobsessão, fluidos e passes.

E caso não encontre os nossos livros na livraria de sua preferência, solicite o endereço de nosso distribuidor mais próximo de você.

Edição e distribuição

EDITORA EME

Caixa Postal 1820 – CEP 13360-000 – Capivari-SP
Telefones: (19) 3491-7000 | 3491-5449
Vivo (19) 9 9983-2575 📞 | Claro (19) 9 9317-2800 | Tim (19) 9 8335-4094
vendas@editoraeme.com.br – www.editoraeme.com.br

César Crispiniano
pelo espírito Marie Sophie

CONFISSÕES
de SABEDORIA
e AMOR
ROMANCE MEDIÚNICO

Capivari-SP
– 2019 –

© 2019 César Crispiniano

Os direitos autorais desta obra foram cedidos pelo autor para a Editora EME, o que propicia a venda dos livros com preços mais acessíveis e a manutenção de campanhas com preços especiais a Clubes do Livro de todo o Brasil.

A Editora EME mantém o Centro Espírita "Mensagem de Esperança" e patrocina, junto com outras empresas, instituições de atendimento social de Capivari-SP.

1ª reimpressão – abril/2019 – de 3.001 a 6.000 exemplares

CAPA | André Stenico
DIAGRAMAÇÃO E PROJETO GRÁFICO | Marco Melo
REVISÃO | Rubens Toledo e Rosa Maria Sanches

César Augusto Félix Crispiniano
Celular: (89) 9 9978 6996
cesarcrispim@yahoo.com.br Rua
Frutuoso Pacheco, 483 Floriano-PI
CEP – 64.806-230

Ficha catalográfica

Marie Sophie (espírito)
 Confissões de sabedoria e amor / pelo espírito Marie Sophie; [psicografado por] César Crispiniano – 1ª reimp. abr. 2019 – Capivari, SP: Editora EME.
   256 p.

   1ª ed. fev. 2019
   ISBN 978-85-9544-088-3

1. Obra mediúnica. 2. Guerra da Gália. 3. Cruzadas. 4. Inquisição. 5. Reencarnação.
I. TÍTULO.

CDD 133.9

SUMÁRIO

Mensagem de Marie Sophie 7

Primeira parte – Confissões de Lídia

Capítulo 1: Mirando a amplidão, reconstruía 11

Capítulo 2: O retorno do guerreiro.....................................19

Capítulo 3: Os amigos e a família 23

Capítulo 4: Planos de guerra 29

Capítulo 5: A batalha...39

Capítulo 6: Relatos finais...45

Segunda parte – Confissões de Vitória

Capítulo 1: O sítio 53

Capítulo 2: O vilarejo..61

Capítulo 3: Novas revelações 71

Capítulo 4: Francisco 81

Capítulo 5: Um pouco de Roberto 89

Capítulo 6: A festa...95

Capítulo 7: Em Viena...103

Capítulo 8: Primeiras impressões 113

Capítulo 9: Visita inesperada 119

Capítulo 10: O susto...129

Capítulo 11: O sonho 133

Capítulo 12: Novamente os forasteiros....................................141

Capítulo 13: Emboscada..151

Capítulo 14: Comemoração da vitória 157

Capítulo 15: Coroamento...163

Terceira parte – Confissões de Roberto

Capítulo 1: A grande batalha..171

Capítulo 2: Bicorporeidade de Elizabeth 181

Capítulo 3: Notícias do vilarejo...191

Capítulo 4: Travessia do Mar Adriático....................................199

Capítulo 5: O retorno...207

Capítulo 6: O silêncio..213

Quarta parte – Confissões de Celeste

Capítulo 1: As irmãs pobres 221

Capítulo 2: O labor..229

Capítulo 3: As verdades do espírito,

as necessidades do corpo.................................235

Capítulo 4: Um pouco de Celeste... 241

Capítulo 5: Com Jesus..249

MENSAGEM DE MARIE SOPHIE

O ESPÍRITO, EM CONSTANTE evolução, desafia a própria potencialidade e aceita provações que novas existências lhe oferecem. São viagens realizadas por diferentes corpos trajados a cada encarnação, com nuanças entre um e outro; com isso, o fio do tempo registra os fatos e segue por linhas retas e simultâneas, visando a harmonia a ser alcançada.

Mas, nem todos os fatos ocorrem um após o outro. Há intervalos de tempo, a fim de o espírito angariar forças, sabedoria, sentimentos, para a continuidade do labor e, assim, lograr a vitória. Como os personagens dessa história que estagiaram nas regiões da Gália, ao tempo do Imperador Júlio César, quando os deuses celtas eram cultuados e quando ali viveu Allan Kardec em sua encarnação como sacerdote druida.

Posteriormente, os personagens viveram à época de Francisco e Clara, ambos de Assis, na Itália. Conheceram o terror das Cruzadas e notaram espíritos reencarnados objetivando a construção do Reino de Deus na Terra.

Em outro momento, fatos da Inquisição, o Santo Ofício, é visto, lembrando que Allan Kardec também esteve presente nessa fase da história da humanidade como Jan Hus, pensador e reformador religioso, foi precursor do movimento protestante, sendo queimado vivo na fogueira.

Os muitos personagens, que pelas páginas seguintes desfilam, um dia existiram na superfície da Terra, hoje circulam por lugares que lhes foram destinados pela consciência. Perceberam que são únicos, criados iguais, e que avançam de modo diferente para alcançarem a perfeição. Harmonizando o ontem no hoje, no silêncio e na ausência dos apegos, sentem a presença do Criador. Na calma interior, percebem-No, encontram-se e dão vazão a que outros os encontrem, sem medo, sem dor, sem ódio, sem rancor.

Quanto a nós, para atingir esse objetivo, faz-se necessário navegar no infinito da consciência e revelar-se um Universo que se modifica, conquista novas experiências, repensa ideias, plasma diferentes imagens no porvir e torna-se construtor de um Universo maior, o mundo compartilhado.

Somos seres espirituais coparticipando da Consciência Cósmica. Não há dúvida.

Se regarmos a vida com sentimentos nobres, recomeçando as frases com palavras brandas, usando verbos que signifiquem ação no bem, acrescentando adjetivos singelos, encontraremos novos conceitos e faremos florir pensamentos de sublime sonoridade. A partir daí, nesse ou em novo amanhecer, oportunidades refar-se-ão.

Dedicar horas à escrita deste romance foi gratificante. Juntos, levamos ao leitor histórias de importantes personagens para a compreensão dessa oportunidade justa no seu processo de interiorização das verdades eternas – a reencarnação – que significa instantes em tempos diferentes, unidos pelo fio chamado amor. Com isso, sentimo-nos conectados com a proposta de Deus – Senhor do tempo.

Marie Sophie, 01/01/2019

PRIMEIRA PARTE

Confissões de Lídia

Questão nº 689

Os homens atuais formam uma nova criação ou são descendentes aperfeiçoados dos seres primitivos?

Resposta

São os mesmos espíritos que *voltaram*, mas para se aperfeiçoar em novos corpos, mas que estão longe da perfeição. Assim, a atual raça humana, que, pelo seu crescimento, tende a invadir toda a Terra e a substituir as raças que se extinguem, terá sua fase de decrescimento e de desaparição. Será substituída por outras raças mais aperfeiçoadas, que descenderão da atual, como os homens civilizados de hoje descendem dos seres brutos e selvagens dos tempos primitivos.

O Livro dos Espíritos[1]
Allan Kardec

---

1. FEB, 4ª edição, 2ª impressão, 11/2014. N.A.

Capítulo 1

MIRANDO A AMPLIDÃO, RECONSTRUÍA

CAVALGAR VELOZMENTE SOBRE OS Alpinos era perigoso, os desfiladeiros eram tão altos que os viajantes se aterrorizavam ante a possibilidade de acidentes, que se tornavam ainda mais frequentes durante o inverno.

Lídia competia com Astrid para verem quem chegava mais longe, quem avançava mais depressa e quem, entre elas, era a melhor amazona. Atravessaram o riacho que cortava as baixas montanhas sem o ver, e subiram por pedras que a qualquer homem seria tarefa difícil. Isso tudo somente observando uma a outra.

O vento vinha e elas se jogavam nele. Os cabelos longos, próprios das mulheres gaulesas, destacavam-nas. Lídia possuía corpo esguio. A tez morena com pelos dourados deixava-a mais ainda com aspecto selvagem, combinando com o formato da boca arredondado e os olhos amendoados e levemente puxados nas extremidades.

Astrid era bronzeada, de um branco que se percebia de

imediato que fora alterando sua cor pela exposição excessiva ao sol. Também era esguia. Seus músculos, bem contornados, foram divididos no exercício físico diário junto à sua mãe, e a força desenvolvida durante a vida em contato com a matéria.

Ao final do percurso, elas caíram por terra, às margens do grande rio, Álbula[2] – Nascente dos Deuses – que atravessa a região. Um riso exagerado acompanhou o movimento. Sentiam-se absolutamente livres, exageradamente satisfeitas. Fizeram o que poucos homens conseguiam e muitos desejavam: atravessar boa parte dos Alpinos em alto galope.

Ali deitadas, serenaram.

Era comum naquela época as moças sonharem com um casamento honrado e digno. Espelhavam-se no relacionamento dos pais: simples, sem muito conforto material, mas venturoso.

– Papai me disse que brevemente seguiremos para outra aldeia. Se tivermos sorte, algum guerreiro se interessará por nós, e, se tivermos mais sorte ainda, teremos filhos... – Astrid verbalizou seus sonhos.

– E caso os encontremos, amiga Astrid, faremos deles nossos escravos. Obrigá-los-emos a amar a esposa e a nenhuma outra pessoa. Quando o sol brilhar, será a nós que eles verão; e quando a lua surgir, dirão: eis a minha amada!

– Exagera! Onde já se viu fazer do marido escravo?! Seremos, no mínimo, chamadas de cruéis.

– Não fazem eles assim conosco? Não se deleitam com as mulheres que desejam? Não dizem mentiras? Não falam besteiras pensando que cegamente cremos neles? Por que, então, haveremos de não revidar?

– Porque se assim o fizermos não será amor e sim vingança.

---

2. Assim Tito Lívio denominou o Rio Tevere, em terras italianas, na obra *Ab Urbe condita*, escrita em 753 a.C. **N.A.**

– Mas uma vingançazinha não faz mal a ninguém, concorda?

A amiga não lhe respondeu. Sobre elas, homens bárbaros avançaram. Os cavalos se assustaram, levantando as patas dianteiras.

Eles seguraram-nas tão forte que fora impossível o revide. Depois seguiram para floresta mais densa. As sandálias de couro ficaram para trás

Eram seis os monstros humanos que as soqueavam e as transportavam como animais. Tinham o corpo gordo, medindo mais de dois metros; as pernas enormes, os cabelos longos e crespos, as unhas tão compridas que envergavam para dentro. Algumas já haviam quebrado em vários lugares. A pele oleosa e o fedor deles assemelhava-se ao de vários animais.

– Um banho seria uma boa saída para esse mau cheiro. Talvez tenhamos que voltar e lavarmo-nos no rio antes de seguir para a comunidade – falou Astrid tão tranquilamente que Lídia teve dúvida se ela percebia a gravidade do ocorrido.

– Você é louca?! Não vê que eles são seis, enquanto nós somos duas frágeis mulheres?!

– Mas você não disse que desejava se vingar dos homens? Maltratá-los? Eis aqui a sua oportunidade.

Elas falavam de cabeça para baixo, pois eram levadas nos ombros dos bárbaros.

– Esses monstros irão nos violentar; quiçá sairemos com vida dessa cena de horror. E você fazendo brincadeiras?! – reclamou Lídia.

– Porque você passou mais tempo sonhando em derrotar o inimigo do que se preparando para isso!

Astrid finalizou e em seguida jogou sua perna direita sobre a cabeça do homem que a levava, mantendo a perna esquerda do outro lado, com isso cruzou-as no pescoço dele e pressionou, torcendo-o; se ele não a jogasse ao chão, teria sentido a cervical se partindo.

Ela aproveitou o momento de liberdade e apanhou a primeira pedra que encontrou. Repentinamente partiu a cabeça do primeiro bárbaro com tanta força que a pedra também se partiu. Voou sobre o pescoço de outro e o laçou também com as pernas, levando-o ao chão, imobilizando e deixando-o desacordado.

Quando observou, dois fugiam nos cavalos delas e os outros dois embrenhavam-se na mata levando Lídia. Esqueceu os animais e seguiu rumo à amiga. Alcançando-os, agarrou o bárbaro e o jogou no chão. Lídia caiu batendo a cabeça. Vendo-a no chão, interrompeu a luta para socorrê-la. Os agressores fugiram.

Ela levou a amiga até o rio e aliviou seu susto com breves mergulhos. Lídia voltou acalmada.

– Onde eles estão?

– Já se foram.

– E nós?

– Estamos bem!

– Os cavalos?

– Eles levaram.

– Vamos esperar um pouco, se você achar seguro; depois retornaremos.

O vento soprou, elas sentiram a presença espiritual aproximando-se. Vinha sobre as águas. O sacerdote druida[3] depositou sobre elas as mãos, fez breve silêncio, como se conversasse com ser superior.

---

3.   Os druidas eram povos que acreditavam nos deuses da natureza, na imortalidade da alma, também na reencarnação. Isso fez deles um povo vanguardista, com pensamentos além de seu tempo. Nada escreveram; tudo era retido na mente, e esse conhecimento era passado de geração a geração, por temor de que, uma vez escrita a sua doutrina, ela fosse modificada em outros povos para atender interesses de governantes. **N.A.**

Instantes depois.

– Se um guerreiro nos vir, certamente interessar-se-á por nós. E não fique criando situações inverossímeis para fugir do caçador; é preciso deixar-se prender! Parece que sentes a liberdade ameaçada a todo instante! – insistia Astrid no assunto, enquanto caminhavam de volta ao acampamento da família.

– A pessoa certa nos encontrará. Não se iluda, não será qualquer guerreiro que irá nos desposar, mas sim aquele que está nos nossos destinos. Não viemos para cá sem um planejamento divino, aliás, ninguém veio em tal situação, todos estamos aqui após um bom planejamento no mundo astral.

– Filosofia estranha essa sua...!

– Nunca contarei ao seu futuro pretendente que destruiu seis bárbaros, sozinha. Ele certamente não a irá querer mais. Caso o infeliz a traia, será morto na mesma noite – Lídia fala como se não desejasse dar continuidade à conversa anterior.

– Creio que ele será morto só de pensar.

– Falamos tanto, mas somos tão frágeis! O que aconteceu há pouco nos machuca mais no íntimo do que na carne! Poderíamos ter sido violentadas. Imagine levar no ventre o filho de um bárbaro desconhecido.

– É necessário aprender a se defender. Mas você não precisa; tem a mim para apoiar-se.

– Talvez seja por isso que não me tornei uma guerreira gaulesa. Enquanto você quis aprender as artes da guerra, eu somente observei os astros no céu.

Lídia e Astrid deitaram-se na relva, sem medo de outros brutos surgirem. Confiavam na força física e na proteção do sacerdote druida.

– Astrid... Crê na existência dos deuses?

– Acredito em uma infinidade deles. O amor é um deus, o ódio é outro deus... Afinal, somos movidas por átomos, por sentimentos, por palavras, e isso são divindades. Dagda, Dana, Brigit, Morrigam, não são divindades?

– Sim, verdade! São deuses aparelhando nossos sacerdotes druidas para auxiliá-los no comando do Cosmo, dando-lhes inteligência e coragem para lutar e vencer as batalhas que os levarão avante. À noite, vejo e converso com espíritos que me revelam o futuro. Passado, presente ou futuro são somente uma curva em nossa mente; é como um pêndulo, ora está lá, ora aqui, e na sequência avançou.[4]

– Onde encontra essas teorias?

– Na natureza. Se observá-la, verá que nos ensina muitas coisas, pois as leis divinas existem, desde toda a eternidade, escritas na natureza.[5]

– Penso que somos mulheres e loucas, porque cabe somente aos homens o dom da filosofi e da guerra, e nós passamos as tardes filosofando e guerreando! E você é mais louca ainda, porque vê as leis dos deuses escritas na natureza!

– De onde vêm as criaturas? Seu modo de pensar? Se observar bem, verá seres por trás de tudo guiando a vida – Lídia tentava ser clara.

– As criaturas têm origem no momento do nascimento. Elas não vêm de lugar nenhum.

– Vêm de outras vidas, como falou o sacerdote druida. E nós também.

– Mesmo que eu não aceite tal situação?

– Sim, mas mergulhará no que acredita existir. Viverá uma nova existência com os seus saberes e sentimentos, que é a sua bagagem.

– E se, em minha bagagem, não houver conteúdos suficientes para uma nova existência como desejo? Que farei?

---

4. Questão 15, *O Livro dos Espíritos*, FEB, 4ª Edição, 2ª Impressão, 11/2014. **N.A.**
5. Questão 626, *O Livro dos Espíritos*, FEB, 4ª Edição, 2ª Impressão, 11/2014. **N.A.**

– Retornará mesmo assim. Aqui encontrará elementos necessários à sua evolução. Em contato com a matéria, elevar-se-á para, do denso, tornar-se sublime.

Dito isto, elas correram de mãos dadas entre as árvores até alcançarem as encostas da montanha. Depois adentraram grande aldeia, juntando-se a suas famílias.

– Observe... Os moradores dão a impressão de que a necessidade os obriga a estarem aqui, não o prazer.

Lídia notou essa particularidade na fisionomia dos moradores e chamou a atenção dos pais. Eles eram nômades e buscavam uma nova aldeia para morada.

Receando pela segurança das crianças, seguiram novamente para a floresta. Ficariam no entorno por certo tempo, somente até os meninos se adaptarem ao lugar.

– Amanhã faremos outra visita de reconhecimento. Saberemos o que cultivam e como trocam a produção. As mulheres informar-se-ão sobre a comercialização do artesanato e utensílio doméstico. Os demais descobrirão se existe templo, quais os deuses e sacerdotes, os ritos e as celebrações.

Após as determinações de Varu, pai de Lídia, armaram as tendas, estiraram as esteiras, escolheram o local para acender a fogueira. A proximidade com o rio ajudaria no banho e na higiene dos objetos e roupas de uso. Temendo o ataque dos lobos e dos bárbaros, os homens do grupo se revezariam na guarda.

– Lídia! – Astrid quis saber se a amiga dormia. Quando ela se virou, disse-lhe: – É uma aldeia bem grande; certamente muitos guerreiros vivem ali, e entre eles estão os nossos pretendentes. Minha intuição me diz que viemos até aqui para iniciar nova vida, e foi você que me ensinou a acreditar na intuição.

O grupo de Lídia e Astrid escolheu a proximidade com a

aldeia para armar suas tendas porque estava entediado com a falta de comunicação e carente de novos conhecimentos. Desta vez procurava uma aldeia maior que oferecesse melhores oportunidades. Em razão da crença nos espíritos da natureza, ansiava por um lugar que tivesse contato com eles. As crianças alcançavam a idade certa para saber da existência de seres superiores.

Eram nômades, estacionavam em uma região por longo tempo, depois mudavam de percurso. Nas viagens, levavam os pertences nas mãos, nas costas ou em lombos de animais. Com a lã, costuravam as cobertas das tendas para se protegerem do frio e calor, já que possuíam o céu como teto e as árvores e pedras como paredes. Também as utilizavam nas vestes e cobertores; tudo rudimentar.

A argila ligava nas mãos. Com ela, fabricavam panelas, copos, potes. Quando se iam, deixavam a maior parte para trás, para diminuir a carga. Era fácil encontrá-los nos mercados das aldeias; se não, os produziriam novamente!

Era um grupo de dezoito pessoas, sendo sete da família de Astrid e onze da de Lídia. À noite, enquanto as crianças dormiam, elas estudavam os astros. Suas posições no espaço gravavam nas paredes de pedras das montanhas, onde encontravam outros desenhos dos antepassados; durante o dia, a jornada era ininterrupta. Nunca sabiam ao certo aonde iam, mas acreditavam que, na próxima parada, demorar-se-iam um pouco mais. Coisa que raramente acontecia.

Capítulo 2

O RETORNO DO GUERREIRO

ACAMPADOS ALI, LÍDIA DISTANCIARA-SE para conhecer melhor a área. Então, entre os galhos de uma velha árvore, ela mirou o retorno de dois guerreiros gauleses. Desta vez, Arthur e Dráulio haviam excursionado pelo Norte da Gália, onde combateram contra tribos inimigas. Agora voltavam para casa e só pensavam em repousar por longo tempo, antes de seguirem a esmo para outras façanhas.

– Arthur, caso cheguemos cedo iremos para...

– Ao chegar à aldeia me banharei nas termas de águas mornas da mansão de Átimus. Sim! As mulheres que frequentam a casa dele não se divertem na minha.

– Sonho com um belo banquete, regado com boa comida, bebidas embriagantes e lindas moças! Afinal, somente faremos uma breve pausa, porque a subida do imperador Júlio César[6] ao trono romano trouxe muitas incertezas.

– Um dia lutarei nessa batalha! – exclamou com euforia, para, depois, mudar de opinião.

---

6.   Júlio César, ditador e cônsul romano, entre 58-50 a.C. conquistou a Gália, período em que se passa a primeira parte deste romance. **N.A.**

– E seu pai estará de acordo? Sua mãe aceitará sua partida para outra guerra em tão pouco espaço de tempo?

– Decidirei com Átimus o caminho a ser seguido; então, levarei a decisão a papai. Mas somente no momento certo minha ambição será despertada. Assim, participarei ou não dessa batalha sangrenta.

Na jornada, avistavam, ao longe, os vilarejos, mas nenhum era o seu. A demora esgotava suas forças. Em breve, anoiteceria, o repouso seria bem-vindo. Pararam à margem de um rio e adormeceram. Algum tempo depois, Lídia viu-os deitados e imaginou estivessem mortos. Tocou-os, desconfia a. Erguendo-se de repente, Arthur assustou-a. Ela correu para a mata. De longe, ele a observou, seguindo-a.

Para os dois guerreiros, o clima era familiar: o rio, a vegetação, o aroma fazia-lhes recordar a aldeia onde nasceram e cresceram, mas tinham partido dali havia muito tempo! A paisagem modificara-se. Não conseguiam fazer previsões acertadas de onde estavam!

Quando chegou ao grupo, Lídia pediu a Astrid que tocasse os tambores juntamente com os outros. Sabia que o som os guiaria. De repente, os acordes que identificavam as tribos gaulesas amigas e o ritmo sacerdotal que fascinava o povo alcançaram-nos. Eles seguiram a vibração até vê-los sentados em torno da fogueira. Sons ecoavam.

Acelerando os passos, os dois esconderam-se por detrás das árvores e observaram os movimentos dos desconhecidos. A dúvida apossou-se de Arthur:

– A aldeia não está distante. Essas pessoas necessitam de um lugar por perto como base de apoio; há crianças aqui que necessitam de cuidados! Devemos nos juntar a eles? – passaram bom tempo naquela posição investigativa até aproximarem-se.

– Há danças, risos, palmas...! Divertem-se! – observou Dráulio.

Lídia surgiu no grupo. Seguia o ritmo dos tambores, dançava; Arthur admirou-a, seu olhar pontuou a sequência dos passos dela e pensou:

– Qual espírito se atreveu a enviá-la a este planeta? Teria sido Dana[7]?

Os sons dos tambores aumentaram, os tocadores ululararam. Acompanhando-os, ela rodopiou. Quase caiu, mas manteve-se de pé, impressionando-o. Palmas incendiaram, e ela, em festa, mirava-o, singularmente. Por fim, conquistou-o

De repente: o silêncio. Então a jovem desapareceu tão rápido como ali chegou. Os olhos de Arthur, atônitos, vasculharam o lugar. Levantar-se e segui-la não seria possível, a suspeita o impedia. Ficou no mesmo lugar.

No retorno, ela aconchegou-se no colo de sua mãe; disfarçadamente, abriu um sorriso. Seus olhos procuraram os dele. Miraram-se de longe. Na mente, o desconhecido, a insegurança, o medo. Impossível se aproximarem ou tocarem-se. Contentaram-se em sentir as emoções.

Arthur e Dráulio adormeceram ao lado da fogueira. Na manhã seguinte, Arthur procurou-a, disfarçadamente. Não a encontrando aproximou-se de Argos, um dos homens do grupo, e atreveu-se a perguntar:

– Onde fica a curva do rio

– Logo após a grande árvore.

– Tão perto assim?!

Argos silenciou.

– Mora aqui ou está de passagem?

– Estou de passagem, mas permanecerei por algum tempo.

---

7. Uma antiga lenda conta que Dana, deusa gálica, nasceu em um clã de dançarinos que viviam ao longo do rio Alu. **N.A.**

– De passagem? Mas, talvez se demore...? – Arthur divagou. Depois, perguntou a Argos novamente: – Viverá aqui?

– Você entendeu a minha resposta. Agora, seguirei. Se não me engano procurava a curva do rio.

Argos apontou para o lugar novamente e afastou-se.

– Então, sintam-se à vontade para iniciarem a jornada.

A resposta acrimoniosa impediu Arthur de arriscar-se em nova investigação. Os guerreiros recolheram os pertences e seguiram viagem. Pela informação recebida, estariam em casa em poucos instantes; talvez não fosse necessário dormir ao relento.

– O destino colocou-nos nesta mata. A dúvida sobre a distância até a aldeia e a noite escura contribuíram para minha alegria – concluiu Arthur.

Eles correram para seu povo, sua família.

Capítulo 3

OS AMIGOS E A FAMÍLIA

Atravessaram os portões, alcançaram as principais ruas e, nem bem chegaram, foram reconhecidos pelos amigos.

– Ora, ora! Se os olhos não me traem, vejo Arthur e Dráulio, os guerreiros mais garbosos da Gália!

– E a quem miro?! Átimus! O mais querido entre os amigos! – Arthur disse entre gargalhadas.

– Se permitem a honra, venham a minha casa antes que se façam prisioneiros de suas famílias. Ofereço-lhes os melhores vinhos e comidas; se tiverem sorte, também as melhores mulheres, que, sabem bem, são sempre amáveis e sedutoras. A guerra vem acompanhada pela solidão, principalmente se buscarem nos prazeres da matéria a felicidade deste mundo.

Arthur preferiu aceitar o convite a retornar de imediato ao lar, enquanto Dráulio seguiu ao encontro de sua família. Os gritos dos vendedores que circulavam pelas vielas abafaram as vozes dos varões que seguiram abraçados para as boas-vindas.

Ele passou duas luas com Átimus, o jovem lutador gaulês vindo das regiões mais ao extremo norte do continente, a

Bretanha. Os anos e a distância geográfica separaram-nos, daí a vontade de se juntarem por mais tempo e servirem aos instintos da matéria. Era uma amizade construída sobre alicerces fortes, mas não necessariamente dignos. O desejo sexual era um deles, tanto que, durante os dias em que estiveram juntos, perderam a conta do número de mulheres com quem trocaram intimidades. Envolviam-se até o tédio dominá-los e os sentidos masculinos suplicarem por outra beldade. A satisfação do estômago e a alucinação da mente também faziam parte das pedras desse alicerce. Fora impossível contar quantas jarras de vinho beberam, quantas vezes se embriagaram, quantos animais sacrificaram, quantas frutas e legumes consumiram, quantas ervas queimaram para perfumar os ambientes do palácio das orgias, a casa de Átimus.

Mas o grupo não se resumiu somente aos dois amigos; outros fizeram parte. Chegaram quando souberam do retorno de Arthur. Lutadores desde meninos, treinados pelos principais mestres gauleses da luta livre, traziam no sangue a sede de batalha. Assemelhavam-se aos selvagens, alimentavam os desejos como eles.

A bela face e o corpo bem delineado de Arthur poucos homens possuíam iguais. Apreciado pelos sacerdotes não somente pela robustez, mas também pela sua oleosidade que brilhava ao sol. Os olhos, verde-escuros, contrastavam com a cor da pele, idêntica à terra molhada. Os cabelos longos. As sandálias trançadas, confeccionadas com o couro dos animais que ele mesmo abatia nas caçadas, marcavam seus pés. O olhar mudava de expressão com facilidade, variando do ódio ao amor, da alegria à dor, tão rápido como o bater de asas dos colibris. O sorriso transmitia múltiplos sentimentos, em um misto de emoções; para tanto, bastava ocorrerem variações de humor.

Ele era um exímio caçador, a começar pelos dotes físicos e pelas habilidades que a profissão exigia, e a terminar com o privilégio de possuir uma inteligência brilhante. Destacava-se nos campeonatos das tribos gaulesas. Como líder nato, despertava inveja nos amigos, e as mulheres o cobiçavam; mas nenhuma havia conquistado seus sentimentos.

Nos últimos dias, sentiu-se fatigado, mas não saciado. Os atos praticados, por mais intensos, não lhe proporcionaram a tranquilidade verdadeira. As brincadeiras aproximaram--no dos prazeres selvagens e distanciaram-no da pureza que sua alma tanto ansiava alcançar. Nas recordações, percebia o quanto possuía o caráter diferente do das mulheres de sua família, o delas assemelhava-se ao da deusa mãe, Gaia.

Observava dois comportamentos distintos em si: um amava o próximo, a natureza, a vida; o outro satisfazia-se com os prazeres da carne, com o cheiro da terra e com os delírios das bebidas alucinógenas.

– É ruim perceber essas duas personalidades em mim, digladiando-se para dominar meus pensamentos! Não sei como agir, porque não entendo o verdadeiro sentido da vida! Não separo as duas formas em constante luta, que projetam a minha atual existência!

Ele acreditava na possibilidade de ter vindo ao mundo para desfrutar dos prazeres da vida:

– Ao morrer, nada levarei. Por isso abuso enquanto posso.

Logo após, arrependia-se e mudava de ideia:

– Quem tudo quer da vida, da vida nada leva, ou melhor, levam os sentimentos adquiridos nos embates. Quem luta pelo ouro leva o desejo desmedido, a ambição. Quem luta pela tranquilidade interior, leva a paz.

Um frio atravessava-lhe a mente, ao refletir assim

Não amanhecia por completo, e ele entrou em casa, correu

por quase todos os cômodos até encontrar a única irmã conversando no salão principal com outras pessoas. Amenizou a saudade nos abraços dela, que gritou tão alto que acordou seus pais.

Sua mãe olhou-o demoradamente, conferindo sua completude. Então concluiu:

– Está um homem feito!

– Que bom tê-lo conosco! Não imagina a tristeza que senti! A solidão que carreguei esses anos todos! – proclamou Salústia, a mãe.

Tributus, o pai, que também acordou com o alvoroço no salão, pôs-se de pé, bem frente a eles, aguardando que a esposa lhe desse a oportunidade de abraçar o filho que já havia dado por morto.

– Pai! Como imaginou que eu morreria sem tornar a vê-los?! Seria desumano se agisse assim!

Tributus determinou que, durante três passagens de lua, ninguém trabalhasse em suas terras. A alegria seria a ordem. Somente as mulheres se ocupariam com os serviços domésticos, para alimentá-los. Nos momentos de folga, elas também comemorariam. Ordenou que matassem os melhores novilhos, que viessem as bebidas mais saborosas da adega e que fossem convidados os mais nobres amigos da família.

Arthur viu entrar na casa os mesmos amigos que, por duas luas, divertiram-se ao seu lado, quando de sua chegada à aldeia. Tudo isso acontecia sem que tirasse da mente, por um instante sequer, a dançarina da floresta. O bailado permanecia cristalizado nas paredes da memória. Mesmo com muitas mulheres seduzindo-o, não a esquecia.

Então, em uma das poucas noites em que adormeceu sem se ter embriagado, despertou assustado. Sonhara e, em sonho, vira Lídia partindo.

– Nunca mais a reencontrarei!

Antes do amanhecer, correu aos aposentos do pai, acordou-o e implorou-lhe por um momento em particular, distante de todos. Narrou o encontro ocorrido durante o seu retorno e suplicou que buscasse aquelas famílias, que desse bom pagamento pelos serviços prestados nas plantações, obrigando--os a permanecerem por mais tempo na aldeia.

O patriarca ordenou aos escravos que trouxessem de imediato seu melhor cavalo e a companhia de bons servidores para uma missão. Feito isso, partiram, para, instantes depois, alcançarem a floresta, justamente no local informado: Depois da curva do rio, próximo à árvore gigante. Ao avistarem a fogueira, eles identificaram o lugar, mas as famílias já haviam partido.

Investigaram o restante de alimentos e objetos deixados. A fogueira permanecia acesa, confirmando que não fazia muito tempo que tinham partido. Túlio, o mais experiente entre os servos, silenciou por instantes; sentindo o vento, alertou o patrão:

– Seguiram pelo outro lado do rio.

Galoparam. Em poucos instantes, alcançaram-nos. Tributus aproximou-se do grupo que, amedrontado, parou.

– Não temam! – pediu, enquanto descia do animal. – Não irei maltratá-los. Há poucos dias meu filho os avistou acampados próximo à aldeia. Observou que são esforçados e trabalhadores. Desejou chamá-los para trabalhar em minhas plantações, mas, receando, não o fez porque não sabia a origem do grupo. Então, pediu-me para chamá-los. Como decidi somente hoje, já haviam partido, e, velho audacioso que sou, creio que mereço, pelos anos vividos, ver meus pedidos realizados. Por isso, peço-lhes que retornem comigo e sirvam em minhas terras.

O grupo encantou-se tanto com a atitude do desconhecido que não pensou em recusar a oferta e retornou à aldeia. Após as primeiras apresentações, as mulheres ficaram sob os cuidados de Salústia e Fíngia, mãe e irmã de Arthur. Os homens seguiram com Túlio, o servo que lhes explicaria as obrigações.

A mansão ainda festejava o retorno de Arthur. Tributus determinou que os recém-chegados comemorassem primeiro, para depois darem início aos trabalhos. Apenas uma pessoa do grupo reconheceu Arthur. As demais não desconfiaram que aquele rapaz fosse o mesmo que adormecera junto a eles, algumas luas antes.

Capítulo 4

PLANOS DE GUERRA

ÁTIMUS TESTEMUNHOU A INVASÃO e os saques romanos às aldeias e cidades do Norte da Gália. Assistiu à instalação do horror; mulheres serem abusadas e humilhadas, violentadas nos seus mais sagrados valores e dignidade, sendo depois escravizadas. Os guerreiros gauleses derrotados entregavam filhas e esposas a homens que as tratavam barbaramente. Nunca em toda a história da região foi semeada tanta destruição, não obstante conquistarem boa parte da Ásia Menor nas guerras e terem sitiado e saqueado as cidades de Roma, quando fundaram Mediolanum.[8] Agora, os gauleses, viam-se ameaçados, mas não se renderiam facilmente. Preparavam-se para enfrentar os romanos e dariam a alma em defesa do povo.

Vercingetórix[9] convocara os melhores guerreiros para fazer Júlio César recuar.

– Percorram todo o sul da Gália convocando novos guerreiros, destaquem os que já estiveram em outras lutas, os que

---

8. Antiga cidade gálica e romana, atualmente é a moderna cidade italiana, Milão. **N.A.**
9. Liderou a grande revolta gaulesa contra os romanos em 53 a.C. – 52 a.C. **N.A.**

não fraquejaram ante o sangue. Não dispensem os franzinos, nem as mulheres e nem as crianças, convoquem todos! Esqueçam as diferenças que existem entre nossas tribos! Desceremos sem piedade ao centro da região. A proximidade com Roma e o desconhecimento de Júlio César em relação às nossas atitudes será nossa maior arma. Toquem a harpa, evoquem Dagda Mor[10]. Não haverá paz enquanto César ocupar nossas terras.

Mas a ambição e o desejo sombrio do jovem soberano romano eram excessivos. Assim foi percebido quando ele chegou à Gália.

– Avise a Cneu Pompeu[11] que não retornaremos ainda; aqui ficaremos por mais um ano. Se necessário, esse tempo também será acrescido. Estamos diante de um povo fraco, que se deixa escravizar pelos soberanos.

Para alcançar seus objetivos, César passou por cima de muitas nações; dilacerou vidas, lares, raças. Aos poucos, foram destruídas culturas, filosofias, políticas e religiões de vários povos. As referências históricas e os costumes foram esquecidos, sobrepujados por outros inferiores e sem significado.

A região da Gália na qual se situa a aldeia de Arthur fora dominada por César havia décadas. Entretanto, a maior parte do território, onde hoje estão, principalmente, Espanha, França, Portugal e Inglaterra, ainda gozava de liberdade.

– Pai! Temos pressa. Não aguardaremos que os romanos invadam e saqueiem nossas casas novamente. Tomaremos providências. Convocaremos nosso exército e nos uniremos aos outros que já estão em ação. Formaremos aliança em torno de um único comandante, Vercingetórix. Só assim os venceremos – alertava Arthur o coração paterno.

---

10. Deus gálico, senhor da vida e da morte, dispensador de abundância. **N.A.**
11. Cônsul da República Romana, 52 a.C. – 51 a.C. **N.A.**

– Precisamos fazer isso, filho?! Somos um povo dominado, fazemos parte de Roma – respondeu Tributus, estarrecido ante os argumentos do filho.

Quem revidou a inferência de Tributus foi Átimus, que, desde a chegada de Arthur, não saiu um dia sequer da companhia do amigo, intuindo-o sobre o momento certo para formação do exército gaulês que seguiria ao Norte, onde já se encontravam outros grupos.

– Os guerreiros do Norte formaram um exército maior, como jamais visto. As mulheres travam lutas constantes com os romanos, até as crianças participam dos combates, mas agora necessitam das forças do Sul.

– São estúpidos! Não terão a menor chance de romper a barreira criada por César; se insistirem, morrerão sem ver a vitória!

– Você não é ambicioso, pai! Somos bons estrategistas e possuímos melhores guerreiros... Organizados, ganharemos! Outro ponto, nossa luta não é tão somente por território, como fez Roma, lutamos por nossa cultura, pela garantia de nossas crenças. Somos um povo que acredita nas muitas voltas do Espírito à Terra, que respeita a natureza e dela cuida como irmã. Outros povos a tudo destruirão, sabem muito bem disso. Então, lutar para nós vai além dos desejos de um dia, avança em busca da eternidade.

– Apresentem-me as estratégias! Não ouvirei somente palavras que refletem o delírio de jovens enlouquecidos pela gana da guerra.

– Se desejar, apresentaremos em breve – respondeu Arthur.

– Mas há uma condição – interveio Dráulio, que ali estava para também defender a necessidade do enfrentamento a César. – Se lhe convencermos, disponibilizará o necessário para pôr o plano em ação.

– Façam isso e garantirei os recursos para a guerra! – disse Tributus, de chofre.

A conversa findou sem notarem que bem próximo deles duas figuras os espreitavam: uma era Lídia, escondida atrás de um dos pilares da grande sala; e, no sentido oposto ao dela, estava Astrid. Ambas ouviam a conversa. Entretanto, uma não sabia da presença da outra no recinto. Quando Tributus ameaçou retirar-se, correram para não serem apanhadas em atitude suspeita. Mesmo assim, Arthur avistou Lídia tentando escapar. Imaginando ser algum espião que viesse atraiçoá-los, seguiu o vulto até alcançá-lo junto ao corredor que levava às dependências dos servos.

– Espere! Por que escutava a conversa no salão?

– Não escutava. Passava por ali quando parei para vê-los – falou Lídia, assustada.

Desde o dia em que as famílias chegaram à casa de Tributus, as duas eram mantidas em atividades na própria residência.

– Mentira! Afastava-se, mas não vinha de outro lugar. Por que nos ouvia?

– Temo pelo senhor!

– O que disse?!

Ao aproximar-se de Lídia, Arthur percebeu o rosto dela molhado pelas lágrimas. Delicadamente, conduziu-a a um banco de pedra próximo dali, enxugou sua face e pediu--lhe explicações.

– Temo que algo terrível lhe aconteça. Não vá à guerra. Talvez não retorne de lá!

– De onde tirou essa ideia, menina? Não seja tola! Sou um dos melhores gladiadores da Gália. Já venci dezenas de homens de uma só vez.

– Lá não haverá somente dezenas de homens...

– Nem eu estarei sozinho. Preocupa-se à toa – e, visando

confortá-la, convida a jovem: – Vamos! Mostrarei as dependências desta casa que ainda não conhece. Com isso, esquecerá essas impressões.

Depois desse episódio, eles se aproximaram e encontravam-se quase todos os dias. Ele lhe contava os seus planos de guerra para que ela o contestasse, forçando-o a repensá-los. Criaram entre si respeito e admiração. Com o passar dos dias, ele notou que os diálogos travados eram bastante proveitosos. A situação colocava-o à prova antes de partir ao campo de batalha.

– Como essa menina com pouco mais de 15 anos sabe de todas essas coisas?! – Arthur revelava suas dúvidas a seu amigo Átimus. – Ela me chama a atenção desde o dia em que a vi na floresta. Tem a pele bronzeada e a face cândida, que muito me faz lembrar Brigit.[12] ou pelo menos o que imagino que ela seja.

– Está apaixonado por Lídia ou pelo que imagina que ela seja?

Arthur preferiu o silêncio a responder; poderia ser precipitado.

A afinidade entre Lídia e Arthur cresceu. Muito combinavam e pouco agiam sem antes um comunicar ao outro. Questionavam os sentimentos, falavam de filosofia: da vida e da morte.

Notando a amizade entre eles, em uma manhã, Astrid interrogou Lídia, e obteve a resposta:

– Somos amigos, nunca tratamos de outras intimidades – esclareceu Lídia.

– Nunca tratou. Mas, e ele? Tem certeza que pensa igual a você?

---

12. É a deusa gálica da inspiração, da poesia, da cura e da adivinhação. **N.A.**

– Sim. E quanto a você, também ronda constantemente Átimus.

– Mentira!

– Verdade!

– Arthur nos trouxe para cá por sua causa. Somente para tê-la por perto.

– Lembro-me dele na noite em que dormiu na floresta.

– Ele contou-me que você dançou no ritmo dos tambores somente para ele.

– Não dancei para ele, mas para todos da roda, como sempre faço.

– Tem certeza de que não o olhava em demasia, enquanto dançava?

– Não me recordo, mas sei que ele é de fato quem eu esperava encontrar. Reconheci-o no instante em que o vi. No momento em que meus olhos o miraram pela primeira vez. Trago essa certeza.

Após a saída de Astrid, Lídia manteve-se ali, admirando o infinito desdobrando-se ante os olhos. Nesse momento de reflexão era capaz de ver o futuro.

Agora, era Arthur quem as escutava, escondido atrás da coluna. Ele reconheceu na face de Lídia o mesmo sentimento que levava consigo. Então tomou uma séria decisão:

– Não partirei à guerra deixando-a livre. Regressarei e a encontrarei esperando por mim.

No dia seguinte, as brancas cortinas balançavam com o impulso do vento, prenunciando a chegada da primavera e em perfeita sintonia com a música que fluía da flauta de um dos servidores de Tributus. A sombra das bambinelas projetava-se sobre o corpo de Lídia. Imersa em seus pensamentos, relaxava sobre o divã disposto em um canto da varanda.

Ela e Astrid circulavam livremente pela casa, que mais se

assemelhava a um palácio, pelas estruturas gigantescas, próprias da época. Fora construída em pedra e decorada com móveis de carvalho. Os demais membros de suas famílias trabalhavam nas redondezas da propriedade, mas não possuíam as mesmas regalias.

O crepúsculo se fez de súbito e Arthur entrou na varanda onde Lídia repousava. Com um gesto ordenou que o talentoso músico se retirasse. Atemorizada, ela levantou-se e, em segundos, pôs-se de pé, bem próximo à sacada. Nada tremia mais do que suas pernas; a inocência demorava-se nela.

– Em que posso ser útil, senhor?

– Não sou seu senhor... Também não me trate como se eu fosse o seu proprietário! Não comprei os seus préstimos como alguém que adquire uma escrava. É convidada de minha família, e assim desejo que se sinta.

– Não estou acostumada a estas regalias. Não sei por quanto tempo as terei. Melhor não me apegar.

– Tê-las-á para sempre! É o que desejo e é por isso que estou aqui. Partirei à guerra brevemente. Não se comprometerá com nenhum outro homem. Ainda hoje, pedirei a sua mão, em compromisso, a seu pai.

– Mas... – fez pequena pausa – não é intenção minha contrariá-lo; apenas gostaria de lembrar que sou muito jovem... É primavera...

– Não nos uniremos hoje. Pedi-la-ei em compromisso e, dependendo da aceitação de seu pai, estará prometida a mim. Então, me esperará. Retornarei da guerra o mais breve possível. Como em tempo de luta não há prazos definidos, creio demorar-me por, no máximo, um ou dois invernos; então, consumarei nossos planos.

– Fala como se eu houvesse aceitado.

– Não há tempo! Eu poderia ser mais dócil. Merece, de minha parte, toda a atenção e carinho. Como disse, é muito jovem. Não pretendo macular a sua imagem. Desejo apenas que aguarde o meu retorno para nos casarmos.

– Não terei tempo para pensar? Preciso decidir agora?

– Recusaria um pedido meu?

Movido pelo medo de perdê-la, o guerreiro agia incisivamente.

– Não recusarei. Apenas quero cumprir com minha obrigação de filha! Meus pais pensarão que desrespeitei a autoridade deles.

– Sim, compreendo. Perdoe-me! Deveria agradecê-la por concordar em ouvir-me, mas, ao invés, critico sua decisão, que é mais apurada. Amanhã. Somente amanhã, à noite, falarei com seu pai. Tem até lá para aconselhar-se com ele.

Ela quase pediu para ele falar naquele mesmo instante com seus pais, por receio de que a demora o estimulasse a desistir da proposta. Respirou fundo e conteve a emoção para Arthur não perceber sua felicidade. Agradeceu por esperar que ela amadurecesse um pouco mais antes de se casarem. Poderia ter passado por cima da vontade de todos e abusado da autoridade que possuía. Afinal, ela vivia debaixo do solar da sua família. Demonstrando consideração e honradez, preferiu ouvi-la.

Lídia serenou e pediu ajuda. Em seguida, buscou energias que, sabia, existiam à sua volta, envolvendo-a. Uma voz interior diz-lhe que aquela vibração originava-se nos sentimentos de uma amiga vinda de outras esferas astrais, visando ajudá-la na nova etapa que se iniciaria em sua vida. Também pedia cautela, afirmando que deveria deixar os fatos acontecerem conforme houvessem de ser. Então, suplicou em oração:

– Senhor! Peço-vos forças para suportar o que passarei, seja bom ou ruim! Que nenhum pensamento egoísta me venha! Que nenhum desejo ruim me acompanhe! Que a vontade de seguir por caminhos honestos seja-me suficiente!

Ao anoitecer, juntou-se à família para a refeição e perguntou-lhe se a ouviria por alguns instantes. Após o consentimento, narrou o ocorrido e o que sucederia na noite seguinte.

Eles tentaram entender as palavras da filha. Sopesaram a decisão de vir àquela casa, se aquilo não fora um erro, se não houvera sido uma cilada. As dúvidas ganharam espaço.

– Que faremos? Vivemos tranquilamente, sem preocupações com saúde, trabalho, recompensas financeiras, como nunca antes experimentamos; mas isso não nos obriga a oferecer nossa filha em pagamento pelas regalias.

– Pai... Não é um pagamento.

– Filha, se recusarmos a proposta, seremos expulsos daqui, talvez mortos! Se aceitarmos, eles nos manterão. Talvez até aumentem os nossos privilégios! Isso não é um pagamento?!

– Além disso – interveio a mãe –, você é jovem, bonita e educada. Porém, quando ele se cansar da sua companhia, arranjará outra. E talvez tenha que dividir com estranhas o seu lar. É isso o que deseja? Se casar-se com alguém simples, que faz parte do nosso convívio, certamente será tratada de igual para igual.

– Mãe, deixemos as coisas acontecerem no tempo certo! Sou jovem, farei exatamente o que pedirem. Se for de sua vontade, partiremos amanhã mesmo. Embora eu fique mais feliz em saber que antes o ouviram!

Na noite seguinte, eles aguardavam a chegada de Arthur, quando um serviçal da casa entrou, solicitando-lhes que o acompanhassem. Sendo atendido, guiou-os até Arthur.

– Sentem-se, por favor! – o guerreiro iniciou com voz ofegante. – Reuni as duas famílias para informar que, de hoje em diante, estarei prometido a Lídia – mais particularmente para o pai de Lídia. – Peço que ela também não se comprometa com ninguém! Garanto-lhes, não tocarei nela antes de oficializada a união! Confesso-o, tenho me distanciado da filosofia professada por nossa raça. No entanto, comprometo-me a buscar o caminho justo e afastar-me de todo e qualquer ato que venha a manchar a minha honra.

– Senhor, somos simples. Temermos em recusar uma proposta...

– Pois não temam! Se recusarem, continuarão a ser tratados da mesma maneira. Não sofrerão nenhuma espécie de castigo ou perseguição.

Tributus aproximou-se de Varu. Colocou a mão direita sobre seu ombro e afiançou:

– Não temam! Agora fazem parte de nossa família. Não somente vocês, mas todos aqueles que nos acompanharam naquela manhã em que fui buscá-los na floresta.

As palavras do velho patriarca finalizaram em definitivo o assunto. Nada mais foi dito.

NÃO MUITO LONGE DALI, Átimus, à sombra do carvalho, tendo a luz da lua a clarear as montanhas próximas, confidenciava a Astrid seus sentimentos.

– Não sei por que os deuses me ferem desse modo! Passei minha existência experimentando licores deliciosos oferecidos pela vida para agora sentir a bebida mais embriagante dos meus sonhos por breves instantes. Essa guerra surge quando não deveria! Justamente quando a encontro!

– Não se lamente tanto! – disse Astrid, tentando esconder que também sofria com a situação. – Deixemos que o destino siga seu percurso.

Capítulo 5

A BATALHA

Os gritos podiam ser ouvidos das sacadas. Os feirantes esqueceram suas tendas e correram às ruas da aldeia para saudar os guerreiros que partiam. Da mesma varanda onde Lídia acostumara-se a olhar a vida, agora olhava Arthur seguindo à guerra, poucos dias após a confirmação do noivado. Decidido a pôr fim à batalha em pouco tempo, retornaria e cumpriria a promessa feita a ela. Seguiam mais de mil homens. O lugar praticamente esvaziou-se.

Lídia assistia à cena como se visse o próprio destino sendo traçado.

O exército tinha a esperança de regressar com vida para rever os que ficaram nas sacadas chorando.

– Eis o lema gaulês: *há o certo!* Aquilo que acontecerá e que está acima das forças e vontades, nada o modificará, mesmo que se unam todos os valentes guerreiros de uma nação.

Para Arthur, esse axioma possuía força oposta. Eis seu lema:

– Não existe fatalidade; apenas ocasiões de crescimento. Onde vemos sangue, em pouco tempo veremos rios de águas límpidas. Somente mudarei algo em mim com determinação, se puser a certeza da vitória em primeiro lugar, se acreditar na transformação dessa certeza em vontade, e dessa vontade em ação.

Deixando para trás todas as lamúrias, os guerreiros seguiram rumo a Carnutes,[13] o centro da Gália. Para ali também seguiram os sacerdotes druidas e os grandes guerreiros do Exército de Vercingetórix. Era o lugar do confronto.

César também sabia desse lugar, e seguiu para lá com o exército de Cneu Pompeu, agora a seu serviço, que praticamente representava toda a força bélica de Roma. Sobre enorme pedra, a capa vermelha voando e o capacete nas mãos, com seu tórax protegido pela armadura, fez transparecer que, além de general, também era um deus vivo na Terra, imagem apropriada pelo Augusto Octaviano César,[14] pouco tempo depois, para iniciar o Império romano. Ele falou aos soldados:

– Ponham a vontade a serviço do impossível para atingirem o pico mais alto, como a águia que, das grandes alturas, mergulha fundo em busca de supremacia. O meu poder será o maior entre todos os outros terrenos. No íntimo de nossos soldados, o dever de tornar Roma o maior império de todos os tempos deve prevalecer, mesmo que isso represente negar Júpiter[15] para dar vitória ao orgulho e ao egoísmo.

Ao chegar a Carnutes, César encontrou os guerreiros gauleses do norte nus, com os corpos pintados. Cabeças de homens que foram derrotados em outras guerras estavam amarradas à cintura. Os guerreiros gauleses avançavam sobre o exército romano, mas como este não se movia, retornavam ao

---

13. Cidade gaulesa. Atualmente a moderna cidade francesa de Chartres. **N.A.**

14. Augusto foi o fundador do Império Romano e seu primeiro imperador, governando de 27 a.C. até 14 d.C., ano de sua morte. Era o imperador de Roma no período do nascimento de Jesus na Galileia. **N.A.**

15. Deus romano, pai do deus Marte, avô de Rômulo e Remo, os fundadores de Roma. Filho de Saturno e Cibele. **N.A.**

ponto de partida e repetiam o ato. Por fim, a batalha teve início e, em breve tempo, os gauleses, liderados por Vercingetórix, estavam acuados sobre o pico de uma montanha. Tinham fome e sede, enquanto César os sitiava.

Ao encontrar o lugar definido, o exército formado pelos gauleses do sul, liderado por Arthur e Átimus, percebeu a ausência de uma arena de guerra; não havia um espaço com guerreiros empunhando armas em uma batalha.

– Vamos recuar, manter guarda distante, na floresta! – orientou Arthur.

Na floresta, reuniram-se para planejar novo ataque.

– Existe uma barreira entre nós, os soldados gauleses do Sul e os do Norte, e esse é exatamente o exército de Júlio César – esclarecia Átimus. – Enquanto nos escondemos na floresta, o exército romano cerca o pé da montanha e, sobre a montanha, encurralados, encontram-se os guerreiros gauleses do Norte, liderados por Vercingetórix.

– Não recuaremos. É melhor a morte do que a desonra de ser considerado desertor – avançou Arthur, sobre o grupo, com punho forte.

– Em noite propícia, quando nem mesmo os soldados enxergarem a si mesmos, alcançaremos o cume da montanha e nos uniremos aos gladiadores acuados, sem sermos vistos por Júlio César – continuou Átimus, tentando manter o moral dos seus comandados.

– Essa ação fará Vercingetórix romper as muralhas erguidas pelos romanos para mantê-los presos – finalizou Arthur.

A luta foi travada em campo aberto. Por muito tempo os soldados da aldeia mantiveram-se firmes, inatingíveis. Todavia, em dado instante, uma águia destacou-se entre as demais e, dourada como o sol, pousou no antebraço do cônsul romano, Júlio, dando-lhe a argúcia de um olhar de rapina. Em poucos dias, Roma ganhava a guerra. Milhares de gauleses haviam sido mortos e escravizados, e inúmeras tribos e cidades destruídas.

Forte como um búfalo, Arthur não caiu de imediato. Manteve-se de pé somente para voltar para Lídia e dar-lhe amor. Haveria o dia no qual narraria aos filhos e netos as suas conquistas.

– Vejo meus amigos desabando, manchando de sangue o solo da pátria dos sacerdotes! Não imaginei vê-los mortos. Foi demasiado triste sepultá-los como animais! O que direi aos filhos, esposas e mães dos gauleses assassinados?

Átimus também lutava para escapar à morte e ver a cultura de seu povo preservada.

– Não me entregarei ao inimigo. Dar-me à morte é melhor do que a vergonha de confessar o fracasso na proteção dos companheiros! Sobreviver sozinho é ausência de heroísmo para nossa raça.

A imagem de Astrid projetava-se ao seu lado, novamente afirmando-lhe que temia por sua morte, que conhecia o mal que o rondava.

– Como aquela menina adivinhou fatos do meu futuro?! Conhece-me mais do que a minha própria mãe e irmã! De certo, foi em algum outro momento uma amiga que me ajudou na vida, protegendo-me por medo de perder-me. Agora, sozinha, sofrerá.

Átimus chora...

– O passado, todas as bobagens praticadas, as festas, os momentos vulgares, carregam meus pensamentos de incertezas sobre o futuro. Durante o sono, sinto-me levado por espíritos que me punem pelos erros. Subjugado pelo próprio orgulho, torno-me refém da culpa. Acordado, luto contra os romanos como bravo guerreiro.

Átimus falou instante antes dos soldados de César avançarem sobre ele e destroçar sua cabeça com uma pedra. De imediato, um rio negro, vermelho, marrom, formou-se, escorrendo entre os corpos inertes dos gauleses.

Em outro ponto, angustiada, uma voz desafiava Arthur, estimulando-o a seguir a jornada, afirmando que recuar não seria a solução. Recordava-se dos amigos, da voz deles pronunciando as últimas palavras antes da partida. Nesses momentos, sua mente enchia-se de alegria, e o corpo, de vitalidade.

– Sou forte! Em minhas veias corre o sangue sagrado; minha mente armazena o conhecimento de eras. Não perecerei neste lugar. As aves não devorarão o meu corpo.

Uma lança sobrevoou o espaço e atravessou o peito do guerreiro.

– SIM... ESTOU MORTO! Ali fiquei lembrando-me de Lídia, das promessas que agora não poderei cumprir. Matéria morta estendida no chão, ouvindo sons confusos e sentindo dores. Ouvi quando disseram que eu estava morto, senti a areia cobrindo o meu corpo, depois os vermes corroendo minha pele. Então, a escuridão diante dos olhos condenou-me pelas falhas; até que, em determinado momento, passei a escutar um monocórdio som interior. Era o pensamento repetindo as palavras e os olhos visualizando imagens de minha última existência. Angústia constante torturava-me. Eu nada fazia por total desconhecimento da situação na qual mergulhei. Implorei consolo. Não sei ao certo por quanto tempo permaneci naquele estado. Até que um dia, um ser supremo ajudou-me e me resgatou, levando-me para outra região, que também me era desconhecida. Novamente, em razão do estado de perturbação momentânea, só percebia a própria solidão. Sabia que havia partido da Terra, mas não tinha conhecimento do lugar onde atualmente me encontrava.

Disseram-lhe que ficaria naquele lugar por longo tempo. Na sequência, amigos, que para ele estavam mortos havia anos, surgiram. Então compreendeu a continuidade da vida, que os atos praticados, quando no corpo, refletem diretamente no mundo espiritual e, consequentemente, que a vida espiritual projeta e modela a matéria no planeta. Desse modo, desejou conhecer Deus, entender seus ensinamentos, crescer espiritualmente.

Capítulo 6

RELATOS FINAIS

Paralelos a esses acontecimentos, na Gália, os últimos lances demonstravam que Roma ganhara a guerra, e, para evitar o morticínio final, as tribos gaulesas haviam se rendido a Júlio César, que se tornou o maior conquistador de todos os tempos.

Na aldeia, os moradores esperavam o regresso dos amores. Nada seria mais importante do que os sentir novamente, abraçá-los.

Durante noites seguidas, Astrid sofreu com pesadelos. Neles, via os guerreiros empunhando a espada para exterminar o inimigo. Despertava chorando. Dizia ter estado com Arthur e Átimus, conversado com eles. Assombrava a todos com as narrativas das visões.

Lídia, confiante, mantinha a esperança de rever Arthur. Na natureza encontrou força para enfrentar a desilusão. Chorava ao rever os objetos que lhe haviam pertencido. Recordou-se de suas promessas de retorno, do jeito simples de como a pedira em casamento, a fim de que se tornasse sua prometida, quando mais determinou do que pediu.

"Não soube usar palavras dóceis. Faltou-lhe o polimento que os homens afáveis possuem. Mas ele tem um coração bondoso e uma vontade firme de viver um verdadeiro amor" – meditava.

Em um dia, o sol brilhou diferente, forte. Era verão. Não tardou e veio a confirmação: a guerra findara e eles não retornariam. Ainda havia a esperança da escravidão, mas era muito remota essa hipótese. Em sonho, Astrid visualizara Átimus e Arthur entregando a vida para não passar pela vergonha da subjugação. Nesse ponto Lídia acreditava nos sonhos da amiga; eles refletiam exatamente o caráter dele.

"Dedicarei minha existência ao conhecimento dos elementos da natureza. Deles retirarei o máximo de ensinamentos possíveis. Tudo para meu crescimento está na natureza. Farei, de mim, reservatório de ensinamentos para criar novas ações. Dos sentimentos elevados erguerei novo ser em mim e crescerei a todo instante."

O riso festivo, o campo, o aroma traziam recordações de Arthur. À noite, os tambores, que em tempos de outrora impeliram-na a dançar e encantar o majestoso homem, invadiam seus sentidos.

Aquela cena foi arquivada para sempre em sua memória. Onde quer que fossem, por mais distante, essa seria a lembrança que ambos teriam para adquirirem forças e viverem.

Nos dias livres, sem obrigações a cumprir, Lídia distanciava-se à procura do bosque próximo para meditar. Um dia, deparou-se com Salústia e outras mulheres no mesmo bosque, adorando a natureza. Eram as mães, esposas e filhas dos homens que partiram para a guerra. Juntas embalavam cânticos, pensavam no bem, adoravam a vida.

Lutar pela paz, pela permanência humana no Planeta e pelo despertar do amor tornou-se para elas meta e objetivo.

E foi no amor que descobriram a possibilidade de ajudar os envolvidos no holocausto que parecia não cessar. Carregavam uma máxima:

– Nossos antepassados não se enganaram. De fato, existe ser superior a nós, aquele que tudo criou, amando-nos com nossas diferenças, compartilhando por igual. A ele adoraremos, por ser maior – explicava Salústia às outras mulheres da aldeia.

Elevando o pensamento aos astros despertavam as energias da natureza; cantando, concentravam-se para florescer novas estruturas na terra, e, assim, cultivavam a natureza como os espíritos dos sacerdotes druidas os ensinaram.

– Somos energia – continuou ela. – Podemos elevar os pensamentos acima da matéria densa para unir-nos às vibrações divinas, e erguermos o amanhã dessa e de futuras encarnações. A Terra oferece segurança e equilíbrio, o necessário à jornada tranquila. Não é preciso apossar-se da natureza ou temê-la só porque não a dominamos. Ela faz parte de nós, como fazemos parte dela.[16]

– Salústia! – interrompeu Lídia. – Arthur não notou que eu desejava ir além dos títulos, fortuna e fama, pois os que não compreendem o sagrado possuem essas coisas em demasia; que eu pretendia ser mais do que a esposa de um grande guerreiro que destruiu a poderosa Roma... Que eu queria vencer a verdadeira guerra, aquela que cresce em mim e, para isso, trabalho continuamente educando o medo, a angústia, a ira, e desperto sentimentos que me transformam em ser consciente da vida.

– Átimus esqueceu-se de mim! – lamentou Astrid. – Agora, sinto que o monstro a ser instruído habita-me, pois des-

---

16. Júlio César escreve de punho o livro *De Bello Gallico* e revela a religião e filosofia dos druidas. **N.A.**

perta ódio, inveja, orgulho, ambição. Vim para treiná-lo, sendo o campo de batalha a minha consciência; os adversários, as minhas próprias imperfeições; a gladiadora, eu mesma; e a arma a ser usada, a perseverança na transformação. Sairei vitoriosa se abdicar do que me impede de renascer todos os dias, pronta para semear o bem. No silêncio e na ausência dos apegos, sinto a presença dos deuses. Na calma interior, percebo-os, encontro-os e dou vazão a que outros me encontrem, sem medo, sem dor, sem ódio, sem rancor.

Seguiam em suas reflexões para criar campo e novas possibilidades de vida se instalar.

Elas, enamoradas sem enamorados, ou, filhas sem pai, esposas sem maridos, mães sem filhos, não perguntam se eles voltarão, posto que agora a ausência é mais visível e será longa, haja vista a transitoriedade dos habitantes da Terra, embora retornem quantas vezes forem necessárias em novas roupagens. Reconstruirão os lares com novos sentimentos. Empilharão pedras para voltar a ser tudo como antes; contudo, a tentativa será vã, pois os dias serão outros, sem as mesmas alegrias, até a tristeza será diferente. Aos poucos, começarão a viver as mudanças impostas pelos romanos e adaptar-se-ão aos costumes deles. Suas vestes se modificarão, tanto no material quanto nos modelos e cores. Agora são comuns, padronizadas. Obrigar-lhes-ão a aprender o latim, depois o grego, depois... Aí perderam o valor do idioma pátrio, pois era proibido seu uso pelos povos conquistados por Roma. Deveriam adorar outros deuses, de pedra, mármore ou barro, sem origem ou importância.

– Aos olhos humanos, somente nós e a mata densa somos vistas – continuava Salústia a orientar as mulheres da aldeia. – Mas, da erraticidade, percebem a consciência do povo druida projetando amor no planeta, reelaborando fluidos. Essas energias, nós as direcionamos para outros lugares e pessoas. É assim que acontece quando grupos se reúnem em busca de verdadeira mudança e da prática do bem; crescem e são auxiliados por bons espíritos.

Para eles a floresta tornou-se um santuário para as pessoas se conectarem com os espíritos supremos a qualquer momento[17]. Nada ficou escrito por eles. Poucas palavras foram pronunciadas, como assim se expressa o verdadeiro saber. Muitos serão os que contribuirão na construção dessa atmosfera perfeita. Muitas gerações vindouras suportarão com discernimento a dor de outras guerras.

---

17. Allan Kardec, em *O Livro dos Espíritos* (Prolegômenos), revela que o pseudônimo adotado, sugestão do espírito Zéfiro, remonta a ulterior existência de Rivail nas antigas Gálias, quando tinha de fato esse nome: Allan Kardec. No *Dicitionary des Pseudonymes*, de Georges O'Heilly, publicado em 1865, o codificador do espiritismo afirma que vivera outra existência gálica, como chefe de um clã bretão do século XII. Para Léon Denis, "o espiritismo seria a 'reencarnação' do druidismo". **N.R.**

SEGUNDA PARTE

Confissões de Vitória

Questão nº 171

Em que se baseia o dogma da reencarnação?

Resposta

Na justiça de Deus e na revelação, pois incessantemente repetimos: o bom pai sempre deixa aos filhos uma porta ao arrependimento. Não te diz a razão que seria injusto privar para sempre da felicidade eterna todos aqueles de quem não dependeu o melhorarem-se? Não são filhos de Deus todos os homens? Somente entre os homens egoístas se encontram a iniquidade, o ódio implacável e os castigos sem remissão.

O Livro dos Espíritos[18]

Allan Kardec

---

18. FEB, 4ª Edição, 2ª impressão, 11/2014. **N.A.**

Capítulo 1

O SÍTIO

"ALGUÉM ME SEGUE! TENHO a nítida impressão quando me viro, quando a sombra da nuvem torna o sol menos quente e a visão melhora, mas, ao parar para reconhecê-lo, ele desaparece. Não há diferença entre a minha pessoa e a estátua de sal da mulher de Lot, no Mar Morto, de tão perplexa que me encontro. Outro fato estranho chama-me a atenção: sinto mais com a intuição do que com a audição; é um som vindo das folhagens. Se eu dou um passo, ele aumenta a intensidade; se paro, como por encanto, ele cessa."

Mesmo impressionada com o fato, Vitória caminhava tranquilamente. Olhou para trás uma, duas, três vezes... E nada viu. Caminhou um pouco mais e virou-se, rapidamente, para demonstrar sua coragem àquela pessoa. Mais uma vez, nada! Não viu ninguém!

"Como ouço passos se quando me viro não encontro ninguém?! Estou lidando com alguma espécie de fantasma?!" – continuava a divagar.

Agora, transpirando muito, a boca seca, a saliva travando na garganta, pôs em dúvida seus sentidos, e, para testá-los, voltou a caminhar, porém mais depressa. Caminhou, parou, seguiu, estacou, enxugou o suor, secou as lágrimas, testando. Então, veio a certeza da perseguição...

"Eu ouço o estralar dos galhos secos na mesma velocidade que imponho aos pés" – disse.

Correu. Correu muito. Não parou, não pensou, somente correu.

Virou-se e mirou a mente em oposto. Arrepiou-se por inteira.

"Que estranho! Quem me segue?!"

O som dos passos cessou e ela acalmou-se. Não havia motivos para pânico. Nunca acontecera nada de capcioso que abalasse a calma do lugar. Percorreu aquele mesmo caminho muitas vezes, desde que se fez moça e ganhou a permissão de seus pais para ir ao vilarejo, sozinha.

Caminhou, caminhou, e sentou-se em uma pedra, buscou assento justamente no que poderia impedi-la de seguir. Descansou e ouviu o barulho. Apavorada, o impulso para correr retornou.

"Como seria feliz se voasse como um pássaro que foge do algoz quando lhe abrem a porta do cativeiro!"

Em meio a tamanho pavor, manteve-se serena. Então, virou-se:

– Quem me segue? Apareça! – ordenou enfática, temerosa com a resposta que adviesse como refutação à pergunta, mas o silêncio veio mortal. Olhou para todos os lados e não avistou ninguém. – Será mesmo um fantasma?! Mas, se não for um... Quem ou o que haverá de ser? Nunca mais voltarei sozinha ao vilarejo, se escapar ilesa desta situação!

De repente, um vento frio envolveu-a, o aroma do lugar veio fortemente e plasmou a imagem de seu pai advertindo-a do perigo das saídas solitárias. Após breve êxtase, espantou esse pensamento. Virou-se novamente e, para alegria sua, avistou um cachorro correndo ao seu encontro. Desconfiado, o animal tentou subir em suas pernas. Ela pegou-o.

– Era somente um cão, e tão pequeno?!!! Como me assustou tanto?! – proclamou em voz alta.

Os pensamentos saltaram livres para aliviar a tensão da situação.

"O medo aprisiona-nos e impede-nos de avançar" – concluiu.

Vasculhou a mente em busca de um nome para o seu novo amigo. Lembrou-se:

– Na infância, ouvi histórias sobre a Corte Imperial; então, mesmo sem saber exatamente o significado da palavra, vou lhe chamar de Fidalgo.

Correu. Correu muito. De alegria, não de medo. Encontrara um companheiro para as horas de contentamento e de solidão.

Seguiu para casa, sorrindo do ocorrido sem parar. Quando alcançou a porteira do sítio, avistou Elizabeth, sua única irmã, aguardando-a, ansiosa. Pulando de um lado a outro, ela parou e entregou-lhe um buquê de flores campestres. Era o aniversário de Vitória. Ela mesma esquecera-se daquele dia, porque desde o despertar tivera a impressão que, devido aos afazeres da família, não se lembrariam da data. Agora, para sua surpresa, recebia um presente de sua irmã sapeca.

"Como se lembrou?!" – pensou Vitória. "Por certo ouviu alguém falar da data. Houve um tempo em que não guardávamos as datas, e isso era bom, porque havia a liberdade de todo dia ser somente um dia, indiferente a conceitos e situações que nos atrelassem a eles."

A garota, por sua vez, ouviu seus pensamentos:

– Ora, ora, se esquecermos dos nossos aniversários, como nos divertiremos?!

Ouvir os pensamentos dos outros acontecia com facilidade na vida de Elizabeth, assim como afirmar ter sonhado com lugares desconhecidos. Vitória assustava-se com as afirmações dela, porque nunca errava.

Mirou o buquê que recebeu de presente. Encantados, seus olhos brilharam como duas turquesas. Eram flores colhidas no próprio jardim de sua casa, entre as muitas que cultivavam para vender no mercado.

– Não esperava um presente tão lindo! – elogiou a aniversariante.

– Mentira! Não são tão maravilhosas; foram colhidas em nosso próprio jardim, você as vê todos os dias.

Todas as vezes que a verdade era posta à prova, Elizabeth deixava bem claro que não aceitava a mentira. Quando desejava algo fora de seu alcance, não se utilizava de métodos escusos para consegui-lo. Essa qualidade fazia dela uma jovem diferente das outras.

– Mas arrumadas desta maneira elas não estavam. Por isso estão bonitas!

Vitória tentou convencê-la, enquanto a puxava para dentro. Depois, fechou a porteira presa a uma cerca de madeira roliça que dava acesso ao sítio.

Quando ela entrou em casa, trazendo na destra o animal e na outra o buquê de flores, o jantar estava prestes a ser servido por sua mãe. Lourdes era jovem e tranquila com a vida, nunca reclamava de nada. Ao contrário, nas oportunidades que tinha agradecia:

– Uma família unida é a maior riqueza, inigualável a outras!

À cabeceira da mesa, sentado em uma cadeira de vime, descansava o pai de Vitória, que, à semelhança de sua mãe, também era muito jovem. Rafael observava os movimentos da esposa, que, apressada, ia e vinha da mesa para o fogão, preparando o jantar. Para aquela noite, ela colhera legumes e frutas da plantação que cultivavam; e, para acompanhar, assara pão.

– Como sempre, fui ao vilarejo oferecer flores e mel, e, que bom, vendi tudo! – contou-lhes Vitória.

Embora seu pai gostasse de vê-la feliz, não apoiava suas saídas solitárias, mesmo que fosse para lugares próximos. Porém se calava para não a contrariar. O trabalho da filha ajudava na renda da família. Se pudesse a acompanharia, para segurança dela. No entanto, era impossível. Ele cuidava da propriedade: arava, plantava, colhia. Era verão, e um agricultor que subsistia do próprio trabalho não poderia parar, até mesmo porque o rio e a boa terra proporcionavam bom clima para o plantio.

Quando Lourdes percebeu o cachorro sentado no colo de Vitória, teve a curiosidade aguçada e quis saber a procedência do animal.

– Pelo visto encontrou um novo companheiro!

Vitória por alguns instantes recordou-se da estranha sensação vivida antes de encontrar Fidalgo. Mas limitou-se a dizer:

– Mãe, ele seguiu-me. Estava perdido, então o trouxe. Se o deixasse na floresta certamente não sobreviveria – respondeu-lhe.

– Talvez pertença a algum morador da redondeza; perguntaremos aos vizinhos se sabem dizer quem é o seu dono.

– Se for de algum vizinho, em breve reclamarão a sua posse. Então o devolveremos.

– Entretanto, quanto mais tempo passar conosco, mais apegados a ele ficaremos. Isso tornará dolorosa a devolução.

– Lourdes, sossegue! A menina está tão feliz com o animal!

Depois, é aniversário dela. Quem sabe, ele foi um presente...!
– argumentou Rafael, em defesa da filha.

Elizabeth entrou em um rompante, calando-os. Depois se sentou em um banquinho ao lado da irmã.

Rafael, muito inspirado, iniciou a oração. Primeiro, agradeceu pelas ações recebidas; depois, pediu que fosse fortalecida a sua família. Por último, exaltou a Deus.

Marta aproximou-se. Era a amiga espiritual de Vitória. Envolveu-os em energias brandas e suaves. Em seguida, todos as expandiram aos moradores vizinhos.

Pronunciando mais algumas palavras, Rafael encerrou a oração. A família decidira orar reunida quando constatou que a prece fortalecia os membros da casa. Não sabiam dizer quem lhes ensinara aquela prática, mas, intuitivamente, agiam daquele modo.

– O susto, minha amada – orientou Marta –, foi útil para manter-te em alerta, também não conseguimos proteger-te de tudo, pois, possui na vida intempéries pelos quais terá de passar. Vives em uma época bucólica, onde o bem e o mal travam luta constante no cerne do ser, mas não será muito diferente em tempos vindouros, por isso, acalma-te para entender as orientações!

Sozinha, em silêncio, Vitória permaneceu estática, como se ninguém mais estivesse ali. Não fora percebida em tal situação porque os demais membros da família haviam cerrado os olhos. No momento, também era vista Elizabeth em concentração profunda. Marta, do mundo invisível, avistou dois seres espirituais ao lado dela, com aspecto monstruoso, cabelos desalinhados, olhos esbugalhados, como monstros a espreitá-la.

Mesmo assim, Elizabeth mantinha serenidade, como se nada a perturbasse. Ao contrário, dela via-se pequenos raios luminosos serem emitidos, o que impedia os seres inferiores de a dominar.

Abriram os olhos e, além do jantar, havia sobre a mesa as guloseimas.

– A senhora lembrou-se! – admirou-se Vitória.

– Como haveria de esquecer seu aniversário?!

– Sabia que hoje comeria guloseimas! – disse Elizabeth, mantendo o espírito juvenil.

– Poderia ser melhor, mas nos faltam condições de oferecer-lhe mais – desculpou-se Rafael.

– Obrigado por se lembrarem do meu aniversário, mesmo entre tantos afazeres.

– Esta casa não teria o mesmo brilho sem que ambas existissem! – veio o pai, abraçando-as.

– Mãe! Quero pedir-lhe algo... Costura para mim um vestido novo com flores bordadas na gola e na fímbria? No mercado, vi Esther vestida em um que me despertou a vontade de possuir igual.

– Claro! Amanhã mesmo irei ao vilarejo e comprarei o tecido que descreveu. E confeccionarei logo, logo.

– Agora jantaremos. Estou faminta! – suplicou Elizabeth.

– Sim. É tarde, mas o atraso se justifica – respondeu Rafael.

– Começaremos pelo bolo! – continuou Elizabeth, muito faceiramente.

Vitória lembrou-se de Ambrósio, e foi à varanda. Encontrou-o sentado no batente da entrada. Homem forte, de corpo bem definido por músculos avantajados, em contraste com o rosto sereno, sabia ser amável sempre. Havia anos viera morar no sítio, mas ninguém sabia ao certo a sua origem. Sempre que o assunto era ventilado, descrevia lugares desconhecidos, depois narrava histórias absurdas, colocando suas palavras em dúvida.

– Boa noite, senhorita Vitória! Recordei-me de seu aniversário. Ofereço-lhe a minha amizade sincera. Sempre que precisar de mim é só chamar. Estarei à disposição.

– Agradeço-lhe a generosidade! É bom ter pessoas que nos amam tão próximas!

Entregou-lhe os doces e regressou, enquanto Ambrósio mergulhava nos pensamentos.

– Será que ela me ama como se eu fosse uma pessoa da família? Pois falou desse sentimento comigo. Não falaria se não fosse verdade!

Logo mais, através das frinchas do telhado do quarto, Vitória observava o céu. A lua refletia na noite. Um raio de luar iluminava-a. O halo do astro parecia uma coroa. Deitada na cama, veio-lhe à mente os momentos de apreensão até que encontrasse Fidalgo. Então, cresceu nela a sensação de segurança.

"O lar é uma gaiola de portas abertas!" – pensou.

Ao seu lado, sobre o outro colchão recheado de palhas, Elizabeth dormia, profundamente. Aproveitou o silêncio para refletir:

"Sou feliz com a família que tenho, mesmo assim experimento estado de melancolia profunda. Algo ou alguém me falta. Poderá ser uma pessoa. Mas quem seria? Passarei em revista as conhecidas para descobrir se o vazio é preenchido por alguma: Seria a falta de uma amiga? Mas Esther é minha amiga e a sua amizade me faz bem; não! Não haverá de ser. Família? Sinto-me segura com ela. Um animal de estimação? Agora tenho Fidalgo..."

Terminou de revolver as lembranças, e a sensação persistia. As impressões desconhecidas vinham à tona constantemente, levando-a a crer que alguém diferente apareceria. Mas quem?

Pensativa, após longo tempo em silêncio, adormeceu. Não percebeu Marta, a amiga do mundo espiritual, inspirando-lhe os pensamentos novamente, envolvendo-a.

Capítulo 2

O VILAREJO

O SÍTIO DE RAFAEL destacava-se entre os outros. Os demais proprietários não os cercavam nem cultivavam flores. Ficava ao pé de uma majestosa montanha, onde se iniciava uma estrada longa e sinuosa. Ladeada pelo rio de águas límpidas que oferecia alimento e transporte. Ao passar por ali, o rio podia ser visto antes mesmo de se colocar os olhos sobre o sol. Os moradores pescavam, nadavam, bebiam, desciam de canoa até os vilarejos vizinhos. As margens repletas de grandes árvores de ambos os lados e de casas de madeira davam para a diversão nas horas de folga.

Aquele era o caminho percorrido por Vitória, todos os dias, quando levava flores e mel produzidos por sua família para vendê-los no mercado. Era também o caminho que trazia os recém-chegados até eles; longo e único, forçava-os a desistir da viagem rumo ao destino inicialmente planejado para construírem morada nas redondezas. Com o tempo, acostumavam-se ao lugar e entrelaçavam suas histórias às de outros moradores.

A propriedade lhes pertencia desde tempos remotos,

quando os primeiros moradores chegaram à região e se estabeleceram ali. Havia vários motivos para terem escolhido aquele lugar como morada. Um deles era o clima agradável do inverno, apesar das noites de frio rigoroso; outro era o calor do verão, quente, mas não o suficiente para deixar o pasto seco ou o gado sem água ou comida.

Viviam a época em que o planeta necessitava cercar-se de paz e bem. Por isso um dos discípulos do Cristo de maior cunho moral reencarnara-se – Francesco Bernardone, que entre nós ficaria conhecido por Francisco de Assis.

Vitória cresceu ali, no campo, junto às pessoas comuns.

Cedo, chegava ao mercado do vilarejo e ia à banca de verduras de Esther, separava uma parte das flores e mel. Não era possível percorrer a feira carregando tudo. Depois, guardava ali o restante. A necessidade de ter um espaço para armazenar os produtos em segurança foi o motivador para torná-las amigas.

– Cada dia que passa, gosto mais dos sonhos que tenho – falou Vitória, sentindo-se diferente naquela manhã.

Não deixaria de chamar a atenção. A noite de sono lhe fizera muito bem. Quando acordou, arrumou os cabelos ruivos de modo tão singular que quem a conhecesse não se descuidaria de notar a sua mudança fisionômica.

Circulou entre os ambulantes, sorriu para uns, acenou para outros. Com o tempo ela aprendeu a fazer boas amizades com as senhoras, os vendedores e as crianças. As últimas eram trazidas à feira pelas mães para auxiliá-las nas vendas, mas Vitória era a quem terminavam ajudando mais. Corriam e gritavam entre os vendedores:

– Quem deseja embelezar a vida, perfumar a casa, enfeitar as vestes, fabricar os mais agradáveis perfumes? Caso deseje, venha e compre as flores de Vitória. São as mais lindas que existem!

Como aquela gritaria agradava a todos! Terminava, inclusive, por fazer falta quando Vitória não ia ao mercado. Muitos compravam as flores e mel somente para vê-la todos os dias no vilarejo; outros, para ter o prazer de conversar com ela por alguns instantes. Ainda havia aqueles que, querendo agradá-la, pagavam um valor a mais pelos produtos, mas a esses ela agradecia a gentileza e ficava somente com a quantia que lhe era de direito, devolvendo o ultrapassado.

Mas, algo inusitado aconteceu naquele dia. De repente, cavaleiros desconhecidos surgiram, cercaram o vilarejo, levantaram a poeira com a força dos cascos dos animais na terra. Desmontaram para admirar a comunidade. Calças de couro e chapéus de abas largas com enfeites de metal que brilhavam à luz do sol os identificavam e encantavam os tolos.

Com a chegada deles, as senhoras fugiram. Já as crianças fizeram festa e avançaram para ver de perto os estranhos.

Esse fato acontecia rotineiramente no vilarejo. Forasteiros invadiam, mas logo partiam. Geralmente eram homens simples, de bem. No entanto, já haviam aparecido alguns desonestos que perturbaram a paz do lugar por longo tempo.

Os forasteiros aproximaram-se, causando medo. Passaram em silêncio e dirigiram-se a um salão de bebidas, logo ao final da rua. Aos poucos, tudo voltou ao normal. As crianças, fascinadas, continuavam observando os estranhos. Vitória, sozinha, voltou a correr por entre os ambulantes.

Já era quase meio-dia quando ela pegou os cestos vazios e seguiu de volta para casa. Longe do vilarejo, novamente sozinha, cantarolando, contente porque vendera todos os produtos, teve a tranquilidade interrompida ao ouvir o som de pisadas vindo da mata.

"Que estranho! Ontem ouvi o mesmo som. Só que bem mais lento e baixo. Agora o escuto mais longo e forte!"

Amedrontou-se. O coração bateu descompassado. Não teve coragem de se virar. Então acelerou os passos. O barulho ficou para trás, mas desta vez a impressão foi maior. Era impossível que outro cachorro a tivesse seguido.

Chegando ao sítio, não teria forças para contar ao pai o ocorrido. Temia que não a deixasse voltar ao vilarejo. Apesar da dúvida se ainda teria energias para retornar sozinha, meditou:

"Não irei mais à feira... Não sozinha!" – pensou. "Mas se eu não for, como ajudarei no sustento da casa? E se for só impressão? Se na verdade minha mente estiver sugestionada com o que aconteceu ontem? Não, não deixarei o medo me conduzir! Ficarei o restante da semana sem ir ao vilarejo, mas na seguinte voltarei às atividades normais. Também a chegada dos forasteiros impressionou-me bastante. Permitirei o tempo correr; ele é o melhor conselheiro."

Dia seguinte, antes de pegar o barco e sair em suas andanças, observou Elizabeth cuidando das flores. Enquanto assim fazia, conversava sozinha. Vitória até pensou em parar para ouvi-la, mas isso chamaria sua atenção, e, certamente, interromperia o diálogo dela com os seres invisíveis, então partiu.

"Oferecerei os produtos aos vizinhos e aproveitarei para revê-los. Primeiramente irei ao sítio de dona Carmela. Viúva e solitária, quando as visitas aparecem, torna-se a mais amável possível" – raciocinava Vitória.

– Que bom que chegou! Veio em ótimo dia! – saudou-a Carmela, recebendo a visitante.

– Conte-me o que aconteceu de tão bom para ficar feliz!

– Meu filho, Roberto, que partira quando o pai ainda era vivo, retornou hoje. Talvez não se recorde dele; iniciou suas andanças pelo mundo quando você era menina.

Sentaram-se nas cadeiras de vime da varanda da casa. Vitória pôs seus cestos sobre a mesa, depois conversaram sobre muitos assuntos, principalmente os últimos ocorridos no vilarejo. Quando havia passado quase meia manhã, Vitória decidiu partir, seguiria a outros sítios na tentativa de vender os produtos. Nem se deu conta que não os ofereceu à distinta senhora, de tão distraída que estava em vê-la feliz com a chegada do filho.

Antes de levantar-se, eis que surge em pé, à porta, um jovem esguio, de olhos azuis, cabelos negros e lisos; era visível o cuidado que tinha por si.

Entreolharam-se por longo tempo, ignorando a presença de Carmela. Sem sequer notarem que alguém os observava, ficaram naquele estado. Após longa pausa, voltaram a si; constrangidos, constataram que a senhora os perscrutava de perto. E Firmino, trabalhador da casa, de longe.

Ela pegou os cestos e deu início à retirada, novamente.

– Não vá, fique mais um pouco! Prepararei um suco que refrescará o nosso dia – Carmela pediu-lhe.

– Está um pouco frio... – disse, constrangida diante da presença do rapaz, tentando sair.

– Fique! – ele suplicou.

"A voz dele paralisa meus pensamentos. Onde a ouvi? Por que me faz impotente?" – pensou consigo.

– Fique! – repetiu ele, mantendo o mesmo tom.

Vitória, mais confusa ainda, retraiu-se, quando se viu a sós com o desconhecido.

Carmela estava atônita. Sem saber o que fazer, partiu ao interior da casa.

– Desculpe-me, realmente devo ir! – insistiu.

– Mamãe está trazendo o suco. Retornará breve. Aguarde!

Cabisbaixa, retornou à cadeira e ali permaneceu. Não reconhecia seus sentimentos. Não era medo o que sentia; era algo diferente.

Ele sentou-se do outro lado, um pouco distante, para não lhe assustar mais ainda. O tempo passava enquanto permaneciam em silêncio.

– Agora devo ir – tentava novamente evadir-se do local a qualquer custo.

Antes de levantar-se, foi interrompida por Carmela, com o suco. A senhora passou a servi-los.

– Vitória... Este é o filho de quem lhe falei. Retornou há poucos dias. Desculpe-me por não lhe ter apresentado. Chama-se Roberto.

Vitória, calada, apenas meneava a cabeça, em afirmativa. O silêncio cresceu novamente entre eles. Roberto interrompeu a calmaria:

– Penso em ficar por um tempo; depois partirei novamente.

– Partirá?! – ela assustou-se diante da súbita possibilidade de o rapaz partir.

– Não agora... – falou o rapaz, observando a aflição de Vitória. E amenizou a força das próprias palavras. – Talvez nem parta.

Carmela impressionou-se com a cena: Roberto mirava a garota, ternamente, enquanto era correspondido. Vitória tentava recordar-se se no passado se conheceram, mas não; não se conheceram.

"Decerto não nos conhecemos. Então, por que a impressão de sermos velhos conhecidos?" – pensou ela.

Ele imaginava:

"Existe algo estranho neste encontro. A moça parece uma materialização de outro mundo. Tenho a impressão que veio só para me completar. Será uma alma afim, oriunda de outras existências? Existe mesmo a outra metade, se me sinto inteiro?"

– Carmela... Compreenda. Agora devo ir! É tarde! – suplicou Vitória.

Roberto levantou-se apressado e, acompanhando a mãe, seguiu-a até a porteira. Com os rostos tranquilos, despediram-se.

"Que dia importante para mim! Como foi bom o encontro com Roberto!" – suspirou a florista enquanto se distanciava. Entretanto, pouco desceu o rio e verificou um desconhecido seguindo-a de bem próximo em um barco. Após mirá-lo muitas vezes sem reconhecê-lo, virou-se e, demoradamente, fixou-o, mas não o identificou, devido ao chapéu que lhe cobria praticamente todo o rosto.

"É realmente diferente das pessoas daqui! Quem será?!" – as perguntas vinham-lhe à mente, rapidamente. Um frio percorreu sua espinha, gelando-a.

Remou depressa até a margem, amarrou o barco a uma árvore e seguiu em disparada pelo caminho que conduzia ao sítio. Após correr bastante, parou ofegante e recompôs-se. Sem saber se ainda era seguida, escondeu-se atrás do arvoredo e observou por entre os troncos o estranho aproximando-se.

– Por que esse homem me persegue?

Mais uma vez lembrou-se de seu pai, advertindo-a:

– Rios, matas, estradas, por várias vezes e por longo tempo, estão solitários. Então, fica à mercê da própria sorte.

– Mas o aspecto bucólico do lugar transmite-me confiança para realizar tais aventuras – respondia-lhe.

Voltando a si, discernia.

"Esse homem não seria um daqueles que vi no mercado chegando a cavalo? Sim, pois veste roupa igual àqueles! E não seria a mesma pessoa que me seguiu na estrada um dia após eu encontrar Fidalgo?!"

Do esconderijo, verificou o homem descendo da embarcação e aproximando-se de uma árvore, à margem do rio, para amarrar ali seu barco. Partiu, em seguida, pelo mesmo caminho percorrido por ela.

– Ele me achará!

Encolheu-se, ainda mais, atrás das árvores. As lágrimas vieram. Se ela despertasse a visão espiritual, veria Marta, seu espírito protetor, acalmando-a para o medo não se transformar em desespero.

O estranho seguiu em frente sem notá-la.

"E agora?! O que farei?! Ele segue pelo mesmo caminho que terei de percorrer se quiser chegar ao sítio!" – Vitória continuou divagando.

Concentrou-se novamente para encontrar uma saída rápida e teve uma ideia repentina:

"Por que não volto ao barco e desço o rio mais alguns metros? Existe outro caminho que também leva ao sítio!"

Marta, incessantemente, transmitia-lhe ideias positivas, visando pôr fim à perseguição em tranquilidade. Havia ali a união de dois seres, um do mundo espiritual, outro do mundo material, com mentes que, em certos momentos mantinham perfeita sintonia. Unindo os dois mundos em um. Uma comunicação perfeita que acontece no dia a dia dos seres na Terra, porém ignorada pela maioria.

Vitória seguiu o plano da mentora. Correu ao barco, adentrou-o velozmente e remou como nunca fizera antes, impulsionada pelo medo. Ao parar mais abaixo, avançou com todas as forças pelo caminho que levava ao sítio. Vencia a estrada estreita e sinuosa, levantando poeira... Olhava para trás apavorada com a possibilidade de estar sendo seguida novamente. Sem perceber, pois olhava mais para trás do que para frente, alguém a reteve, barrando sua correria. De imediato, desmaiou.

Ofegante, ela despertou horas depois em sua cama. Tomada de pavor, delirava. Aos poucos reconheceu seu próprio quarto, avistou sua mãe e Elizabeth entre penumbras; mas, ainda nervosa, inquiriu:

– Quem me agarrou?

– Tranquilize-se, filha! Está segura em sua casa.

Desmaiou novamente, preocupando-os. Rafael foi ao vilarejo à procura do médico, horas depois trouxe o que a examinava sempre. O profissional observou-a por longo tempo.

– A fadiga castiga-a. Esforçou-se além das possibilidades físicas e enfraqueceu o organismo. O corpo pede repouso absoluto.

Considerou o agravante do susto, mas caberia à família sondá-la sobre o acontecimento que a deixou naquele estado. Recomendou mais repouso e chá quente, que seria feito com as ervas medicinais colhidas na própria horta.

À noite, Vitória despertou mais calma e, aos poucos, a mente reproduziu os últimos acontecimentos vividos antes do desmaio. Com imagens entrecortadas, não se lembrou do ocorrido por completo, refez perfeitamente a perseguição, reviu a pessoa agarrando-a pela cintura e, por associação, imaginou haver sido o mesmo homem que avistou descendo o rio de barco a sua procura. Temerosa por sua honra suplicou à mãe que narrasse os fatos como de fato aconteceram.

– Corria em disparada pela estrada que traz do rio ao sítio. Como Ambrósio percorre aquele caminho todos os dias após a pescaria, viu você em desespero e, para impedir algo pior, segurou-lhe fortemente pela cintura. Foi quando desmaiou. Então ele trouxe você em segurança para casa.

– Ele viu pessoas desconhecidas por perto?

– Não, filha. Nem Ambrósio nem nós vimos pessoas desconhecidas por aqui.

O silêncio invadiu o quarto.

"Há algo errado! Por que Vitória me fez essa pergunta?"

Rapidamente, Lourdes concluiu, usando o pressentimento materno. Em seguida, abordou-a:

– Não entendi, filha. Como alguém desconhecido?!

Vitória percebeu o perigo do momento. Se revelasse à mãe a verdade, perderia sua confiança e talvez ela não a deixasse sair de casa por bom tempo. A dúvida levou-a a desejar que novamente uma voz amiga falasse dentro da sua mente, orientando-a como proceder, mas recordou-se da liberdade de escolha. Teria que decidir por si mesma.

"E se aquele homem fosse um amigo e eu não o reconheci?" – pensou.

Mas essa era uma hipótese difícil de ser verdade. Ela vira as roupas dele, os detalhes da calça eram iguais aos usados pelos forasteiros que invadiram o vilarejo.

– Mãe, a confusão em minha cabeça é grande. Necessito descansar para lembrar-me dos fatos com precisão.

Calou-se, pondo fim à conversa. Com isso ganhou tempo para descobrir a verdade e discernir melhor sobre a situação.

– Descanse, filha! Buscarei um pouco de sopa. Não deve se levantar.

Preocupada e pensativa, a mente de Vitória fez mil suposições:

"Devo contar o ocorrido? Se contar, por certo eu nunca mais sairei sozinha desta casa. E se for verdade? Se realmente alguém estiver me seguindo? Estarei então correndo perigo. E se isso não passar de sugestões da imaginação?"

Cansada, adormeceu.

Capítulo 3

NOVAS REVELAÇÕES

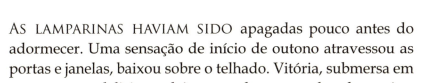

As lamparinas haviam sido apagadas pouco antes do adormecer. Uma sensação de início de outono atravessou as portas e janelas, baixou sobre o telhado. Vitória, submersa em uma nuvem deliciosa, deixou-se absorver pelos devaneios. Despertou instantes depois da impressão de ter vivido um sonho bom, como acontecia há algum tempo.

O corpo material, instrumento da existência, ganhou a liderança e deu impulso, erguendo-se. Ao abrir a janela do quarto, confirmou as sensações. Era outono. As montanhas, à frente, revelaram isso.

Deliciou-se com o amanhecer.

Aquém da paisagem, Ambrósio, com olhar distinto do costumeiro, observava-a. Vitória acenou-lhe, enquanto sorria. Antes de fechar a janela, voltou-se e repetiu o ato, mantendo a mesma expressão sorridente, tudo isso somente para confirmar se ele realmente a examinava ou se apenas estava ali por acaso. Fechou a janela e, só então, notou a ausência de Elizabeth.

"Será tão tarde assim?! Sempre me levanto primeiro" – questionou-se.

Ela passou pelos poucos cômodos da residência, quando se dirigia à saída, e observou-os vazios. Avançou até a varanda, o sol inundou seus olhos, causando ardor. Um vento envolveu seu corpo, aquecendo-a. Ambrósio, agora, parado próximo à entrada da casa, mirava-a, atentamente.

"Por que permanece ali, parado?! Não deveria ajudar papai?!" – imaginou antes de falar: – Ambrósio, que faz...

A pergunta perdeu-se no ar, pois ela avistou nas mãos dele os cestos que, costumeiramente, usava para levar os produtos ao mercado. Um, cheio de flores, e o outro, carregado de potes de mel.

– Posso colher as flores e arranjá-las como bem entender. Nunca preciso de ajuda para fazer o meu trabalho.

– Hoje lhe farei companhia. Não foi ao vilarejo a semana passada; depois, apareceu na estrada correndo apavorada. Essa série de acontecimentos me preocupa.

Decerto a companhia de Ambrósio seria bem-vinda. Traria segurança para ela.

Pôs o xale, segurou a bolsa, fechou a porta atrás de si.

Vestida para mais um dia, seguiu em segurança, à frente do amigo, em direção ao vilarejo. Ela estranhava aqueles acontecimentos; afinal, eles levavam vida distante das contrariedades e abordagens dos temas ventilados nos grandes centros. A simplicidade e o isolamento proporcionado pelas distâncias eram o motivo. Automaticamente, repetiam as mesmas ações, em uma rotina que poucos percebiam.

No vilarejo, as vielas de terra batida separavam as casas. Ao longe, praticamente fora dali, viam-se celeiros e currais para os animais. No centro, havia uma igreja; ao seu redor, encontravam-se os comércios que vendiam de tudo um pouco, ou eram especializados na fabricação de um só tipo de produto.

Próximo às lojas, iniciava-se a feira, caracterizada pela presença dos ambulantes que traziam baús e cestos para exporem suas mercadorias. Traziam, também, objetos úteis à comunidade, desde as mais variadas quinquilharias de barro, ferro ou madeira, até as modernas tapeçarias e artesanatos orientais, fabricados em lugares distantes, mas que já apresentavam tecnologia avançada para a época.

Os ambulantes mais ousados aventuravam-se por terras desconhecidas para adquirirem mercadorias. Depois, revendiam-nas em outros lugares com vistas a obter lucros exorbitantes. No mesmo lugar em que vendiam seus produtos, compravam outros. Então, partiam novamente à comercialização. Para facilitar na venda, ao passar pelas cidades, exibiam os produtos no mesmo local, a feira.

A troca de produtos entre as diversas regiões do continente enriquecia a culinária, o vestuário, a perfumaria, os medicamentos de manipulação, a agricultura. As senhoras adquiriam principalmente condimentos. Pagavam grandes somas para terem sabor diferenciado na alimentação. A tecelagem também as atraía. Muitos tecidos fabricados nos teares dos conventos possuíam diferentes bordados. Nem todos os moradores podiam adquirir uma peça igual àquelas; só as admiravam, enquanto as ricas damas compravam para toda a família. Não chegavam somente as mercadorias, mas também pessoas de diferentes lugares, com hábitos e costumes próprios, alterando por um dia ou mais a vida do lugar.

Perplexos, eles observavam esse vilarejo, que, antes era calmo, e agora estava cercado por forasteiros. Não havia ali a mesma alegria. A invasão alertava-os sobre a necessidade de mudança de hábitos, de buscarem por segurança. A rotina que se apresentava como companheira fiel fora rompida, exigindo a tomada de outra direção.

Seguiram à banca de Esther, cautelosamente, para não chamar a atenção, e, seguros, colher informações.

– Por uma semana, vemo-los circulando nas propriedades... – iniciou Esther.

– Mesmo?!... Aqui não há terras à venda nem opção de trabalho remunerado... – Vitória relembrava.

– O impressionante é o mistério sobre a procedência deles! Ao contrário de outros que apareceram no passado, estes não possuem família. Não que vejamos! Além da conduta pouco honesta.

– Pretendem encontrar o quê, em nossa região?

Insatisfeito com as informações fornecidas por Esther, Ambrósio saiu à caça de outras. Abordou os comerciantes e pessoas conhecidas e desconhecidas, nas vielas e na feira. Todavia, ele escutava as mesmas coisas, evasivas que não acrescentavam nada ao que já sabia. A situação suscitou diferentes ideias sobre o assunto.

Agora, os cavalos avançavam sobre eles, aterrorizando-os. A grande velocidade do galope e o aspecto sombrio dos forasteiros combinavam-se. Depressa, os vendedores recolheram seus produtos.

Eles dirigiram-se ao salão de bebidas. Cada olhar dos moradores os observava discretamente, como máquinas registradoras dos fatos. Vitória, revelando seu medo, praticamente colou-se em Ambrósio, quando aqueles homens passaram próximo, dando oportunidade de serem vistos de perto. De chofre o olhar de um deles aprofundou-se no dela, embaraçando a moça. Arrepiou-se, como se um raio de sol houvesse penetrado seus olhos, dilatando-os. Quando saiu de casa naquela manhã também sentiu a visão afetada pelo sol, mas agora a energia era mais dolorida!

Em desespero, raciocinou:

"Aquele estranho seguiu-me no leito do rio! Sim, não há dúvida! É o mesmo homem do rio..."

De pavor, sua cabeça pendeu sentido ao chão e fez grande esforço para não sair dali correndo. Questionou-se:

"O que pensarão se eu partir em disparada feito louca?! Mas, afinal, quem é esse estranho que me causa tanto horror?!"

O nervosismo fez as desconfianças de Ambrósio crescerem. Então julgou suspeita a reação de Vitória ante os forasteiros:

"Não foi o contato com todos, mas somente com um deles." Um monte de ideias veio-lhe, apontando infinitas direções.

Ainda mais confuso, inquietou-se:

"Há forte ligação entre esses homens e os fatos estranhos acontecidos nos últimos dias. Ademais, de onde Vitória conhece essa gente? Provavelmente, eles nunca estiveram aqui."

– Partamos. Por hoje basta! – determinou Vitória, virando-se para a estrada com sentido ao vilarejo.

Ambrósio, desobedecendo ao comando de Vitória, foi confirmar os fatos, mas logo retornou.

– Uma multidão está em frente à casa do Intendente – falou muito abismado. – Ele os interroga...

– Saberemos o que realmente querem de nós e por que rondam os nossos sítios – completou Esther o seu raciocínio.

– Retornemos! Hoje não haverá venda! A situação piorou... – Vitória insistia.

– Não! Ficaremos um pouco mais. O resultado da reunião nos será útil!

Ambrósio retornou, enquanto ela e Esther permaneceram no coreto. Dali havia boa visão da cena. Em segurança, criaram espaço para um diálogo menos tenso.

– Florista! Vejo algo de diferente em você. Das outras vezes que nos encontramos não era assim!

Convencida de que existia algo de diferente na amiga, Esther aprofundou-se na observação. Conhecia os sentimentos fortes desde cedo e compreendia as mudanças que ocorriam no coração de uma moça quando ele é fisgado pelo amor.

– Como sempre, encontra fatos nas situações mais improváveis! Só para depois inventar histórias que só existem na sua cabeça – despistou Vitória.

– Tudo bem! Se não quer falar, então não fale. Mas saiba que o tempo falará por você.

Ambrósio retornou apressado.

– Estão saindo!

Os forasteiros montaram em seus cavalos e partiram em disparada. Uma chuva de poeira cobriu-os.

Angustiada, entre as mãos os pertences sendo destroçados pela tensão, Vitória correu para as árvores ali perto, enquanto Ambrósio, mirando-a, afastou-se para escutar o Intendente.

– Amigos! Eles estão à procura de terras. Pretendem morar em nossa região.

– Não possuem esposas e filhos? – abordou-o um dos moradores.

– Não há terras à venda em nosso vilarejo. Poucas são de propriedade particular e não estão disponíveis; as outras pertencem à Igreja, ao feudo... – argumentou outro morador, que não escondia o pavor na face, nem poderia fazê-lo, de tantos conflitos travados no vilarejo.

– Pretendem viver aqui. Não lhes negaremos oportunidade. Em outros tempos, nos foi concedida a permissão de ficar. Ofereceremos o mesmo – finalizou o Intendente.

– Que desfecho desagradável! – comentaram os presentes.

Até mesmo os que participaram da conversa com os forasteiros estavam decepcionados. Aprendiam naquele confronto a importância de lidar com os fatos ditos impossíveis da vida.

Foi quando Esther falou do medo dos moradores dias

atrás, pois não sabiam as reais intenções dos forasteiros, e, por mais que investigassem, as respostas não vinham. Então, decidiram reunir-se para pôr um ponto final à situação. E assim foi feito.

– Na madrugada – Esther iniciou a narrativa –, de portas batidas, escondidos, presentes estavam autoridades e viúvas, que não aceitaram serem excluídas da assembleia. Eles narraram o que ouviram e viram desde o dia da chegada dos forasteiros. Terminadas as falas, perceberam a semelhança entre as narrativas: os forasteiros pretendiam a qualquer custo adquirir terras para o plantio. Além do mais, as mulheres revelaram tê-los visto transitando pelas propriedades, a pé, de barco ou a cavalo. Relataram, ainda, sobre a impressão de perseguição, fato que se repetira muitas vezes. Essas informações os preocuparam, pois os lembravam da vulnerabilidade atual do vilarejo.

A discussão seguiu noite adentro sem as dúvidas serem sanadas. Tendo, na principal delas, a raiz do problema: de onde vieram? A pergunta lhes martelava a mente, sem resposta. Sem nenhum ponto a mais a ser abordado, surgiu uma ideia por solução: formariam uma comitiva para sanar as dúvidas junto aos próprios forasteiros. Se não fossem atendidos a contento, levariam o caso para instâncias superiores.

Também ficou acordado que, se ao final da investigação fosse comprovada a integridade dos forasteiros, os moradores os ajudariam. Do contrário, eles se retirariam sem maiores danos. A reunião encerrou próximo ao amanhecer. Alguns partiram satisfeitos; afinal, algo seria feito. Todavia, em outros, a insatisfação persistia, devido à constatação da falta de segurança ante a violência dos invasores.

Ao final das revelações de Esther, ficou claro o porquê da tensão daquele instante. Ambrósio também lhes revelou um episódio desconhecido.

– Dias atrás, no sítio, antes de sair de casa, Rafael avistou, por entre as frinchas da porta, homens a cavalo, parados próximo à porteira de entrada. Olhou novamente para reconhecê-los e somente identificou tratar-se de cinco. Saiu para observá-los a distância, mas, como não se pronunciaram, seguiu até eles.

– Em que posso ser útil? – abordou-os.

– Podemos desmontar e beber um pouco de sua água? – perguntou o forasteiro.

Estático, pois nunca os vira nas redondezas, por alguns instantes, Rafael amedrontou-se. Disfarçadamente, fortaleceu-se e agiu naturalmente.

– Sim, apanharei.

Sem abrir a porteira para dar-lhes passagem, regressou pouco tempo depois com a moringa na mão; estarrecido, viu os desconhecidos rente ao degrau da varanda. Eles haviam desapeado, atravessado a cerca e avançado até ali sem a devida autorização. O patrão aterrou-se ao vê-los tão perto, prontos para seguirem mais adiante. Se não os barrasse, teria acontecido assim. Entregou-lhes os copos e despejou água. Ainda nervoso, deu continuidade às interrogações:

– Que buscam nas redondezas?

– Terras à venda, férteis para o plantio.

– Nesta região não há o que vender. Todas as propriedades pertencem às famílias ou à Igreja. Com perseverança, livramo-nos do jugo feudal. Somos uma comunidade que chegou a esse lugar há séculos.

– Encontraremos terras. Essa região é propícia aos nossos negócios. Outra igual será impossível obter.

Eu, que sempre desperto antes dos primeiros raios de sol, surgi por detrás dos cavalos deles sem ser percebido.

– Sim, concordo! Encontrarão, mas não tão próximo daqui – rosnei.

Assombrados, viram-se cercados pela voz. Um deles, que fixava o interior da casa, assustou-se mais que os outros com a minha aparição repentina. Registrei a atitude do rapaz. Era o mesmo que tinha, havia pouco, desnudado Vitória com os olhos.

– Por que ele mirava o interior da casa tão curiosamente? – questionei-me, atônito, mas seguro das ações do momento.

Ambrósio omitira de Vitória esse fato até aquele dia. Agora o revelava claramente.

Quanto a ela, diante daquele tribunal das revelações, manteve em segredo o encontro constrangedor com o forasteiro no leito do rio.

Narrações finalizadas, Ambrósio apanhou os cestos que largara ao chão, quando da chegada dos forasteiros, e acompanhou os passos de Vitória. Torturavam-se em busca de respostas, querendo entender quando não havia entendimento plausível, e isso os impedia de desvencilhar-se das aflições sentidas.

Como aqueles forasteiros chegaram aqui?! Por que invadiram o vilarejo?! Como findará essa questão?

Capítulo 4

FRANCISCO

Mirando a paisagem, a natureza revelava a Vitória que não fora somente aquele grupo de forasteiros que chegou à região; outro, desta vez, servos de Deus, caminhava ali, nas margens do rio, sob o sol de calor ameno, entre as flores e sobre a terra de frescor natural.

Aqueles novos servos viam, no Cristo, o caminho. O pulsar da natureza fez-se mais vibrante no pássaro que cantava, na borboleta que voava, na coruja que chirriava, no lobo que uivava, formando uma orquestra em meio à floresta. A cena era muito bela, como poucas antes vista.

Estes servos, em contato com essas maravilhas da vida, serenavam as emoções para vivenciarem o mais sublime dos sentimentos, o amor. As imperfeições contidas no íntimo transformavam-se em terra suculenta, prestes a serem trabalhadas. Eram seres revestidos de pele macia como a maçã, porém gasta pelo tempo, devido à rudeza da jornada à procura da simplicidade, que os levaria ao encontro com o Criador.

Descalços, desciam a montanha, que se curvava para facilitar-lhes o caminhar trôpego. As pedras lhes rendiam graças;

afinal, elas participavam do encontro da natureza com os servos mais esforçados na busca da perfeição que por ali passavam. Os olhos deles, em contato incessante com a vegetação, revelavam as coisas simples do lugar, como a aceitação da vida como ela se apresenta, sem exigir mudanças do próximo ou se sentir insatisfeitos com o oferecido.

As músicas cantadas pelos servos invadiam as ondas invisíveis do som, modificando desde um breve sussurro até os gritos do universo. Do corpo exalavam as cores das flores, do arco-íris, das frutas, colorindo o mundo. Do riso, a alegria desenhava nova vida. Do toque, luz iluminava a escuridão. Por onde passavam tudo em volta harmonizava-se em perfeita sintonia com as Leis Divinas, pela paz e bem que traziam.

Ao longe, Vitória e Ambrósio avançavam. Tristes por haverem participado, no vilarejo, de uma das cenas mais embaraçosas da vida. Eles miravam a natureza do lugar. Como tudo havia se transformado:

"Não são os mesmos ares a que me acostumei a ver!" – meditava.

Da estrada, entre as árvores, avistaram os novos servos a pouca distância. Levavam cestos, assim como eles. Ouviram as canções que cantavam, e, de fato, eram diferentes das cantadas no vilarejo e sítios. As letras contavam histórias de certo homem, das suas andanças, dos seus feitos, de sua mensagem; a luz desse homem refletia nos servos e iluminava a caminhada, fosse dia, fosse noite. Caminhada que os levaria ao encontro com Deus.

Vitória mirou as figuras desconhecidas com muita atenção.

– Que felicidade o contato com seres tão bondosos! Quem são?!

Ambrósio e Vitória não sentiram medo de se aproximar dos servos. Então avançaram estrada adentro. Não houve mais como os dois grupos não se encontrarem.

– Paz e bem! – bradou Francisco. – Que bela moça! Que gentil senhor! Seremos nós, servos perfectíveis de Deus, dignos de admirar tamanha beleza? Que fizemos para merecer tal consentimento? Eu vos saúdo, irmãos! Ó Céus!

Tímida, diante das palavras do frade, Vitória, que fora educada a sempre agradecer pelas gentilezas dispensadas a ela, controlou-se e disse:

– Obrigada! Mas, sou digna de tamanho elogio?

– Toda beleza que Deus revelou na Terra merece ser amada, muito mais elogiada. E você é bela como a beleza impõe para ser admirada. Não se intimide diante da verdade!

– Por favor, diz-me quem são!

– Somos peregrinos! Andamos pelo mundo a pregar o bem e a paz. E você, quem imagina ser?

– Sou um ramalhete que pretende crescer e dar bons frutos.

Silenciou por instantes, depois continuou:

– Penso dessa maneira, pois é o que almejo ser.

Pedro, um dos frades, interrompeu Francisco.

– Se me permite, gostaria de ofertar-lhe uma flor. É somente um botão. Brevemente desabrochará, e assim o fará para revelar a vocês suas cores, brilho e perfume.

– Porque sempre haverá o momento de desabrocharmos para revelar nossas qualidades – completou Francisco, – Pedro é muito gentil!

E dirigindo-se ao seu discípulo, acrescenta:

– Pedro, dá-lhe também as coordenadas do local onde estaremos orando muito em breve!

O discípulo apontou para o Monte Alverne[19] e informou que somente os frades poderiam chegar lá. Contudo, sempre que passassem pelas redondezas, conversariam.

---

19. Monte Alverne, na Toscana. Formação rochosa, no alto da qual se ergue o santuário franciscano. **N.R.**

Ela agradeceu a confiança e desejou saber aonde iriam. Foi Francisco quem respondeu:

– Viemos de lá, do Monte, e retornaremos à cidade de Assis, mas onde vocês estiverem o Cristo também estará. Doravante, seremos irmãos no amor divino.

Fez breve pausa e apontou para o céu.

– Observe aquele astro!

Ela mirou o sol e, ao contrário das últimas vezes, não sentiu dificuldades no feito, nem ardor.

– Sempre que o vir é a mim que verá. Sempre que ele envolvê-la nos raios, seja nas horas de alegria ou tristeza, serei eu falando-lhe do auxílio divino. Ele é o amigo que nos ensina a amar a dualidade da vida, brilhando sobre bons e maus, justos e iníquos. Palavras do Mestre...

– Nada tenho a lhe oferecer, nobre pastor, mas guardarei nosso encontro como se vigiasse o maior tesouro. Em nenhum momento da vida desobedecerei ao Divino Mestre, que dedicou a existência a nos orientar e a nos encorajar – falou Vitória, emocionada.

– Então, filha, segue! É a perseverança que a levará às grandes conquistas, que fortalecerá os sentimentos mais sinceros. E na dor, lembre-se: o Cristo sagrou-a como meio de alcançarmos a vitória sobre as nossas imperfeições, principalmente quando somos chamados à correção das chagas mais profundas, as morais.

Contemplando o céu, ela observou:

– O firmamento transforma-se. A natureza não é a mesma... – soluçou.

– A vida modifica-se conforme a miramos e sublimamos os próprios pensamentos. Quando o sentimento do Cristo nos invade, passamos a vê-la diferentemente; nesse estado, energias nos envolvem, serenando-nos.

Parou para mostrar-lhe os insetos que cavavam a terra.

– Vê o mundo transformando-se todos os dias. Dependendo de como o observa e de qual lado da situação você se coloca, tudo poderá ser bom ou poderá ser ruim. Não tente compreender o universo que existe fora de si, sem antes observá-lo formando-se em seu íntimo. A mudança que almeja expande-se de você e torna-se plena no outro. Só tem o que realmente doa, porque são as ações que enriquecem o homem e não a quantidade de bens transitórios que acumula.

– Se eu vier a falhar na caminhada?

– Então, volta e refaz o percurso onde caiu. Não se detenha no chão nem olhe demasiadamente o passado. Corrige depressa. Reerga-se e siga novamente no caminho da retidão traçado por você. Os fatos existem em nós do tamanho da importância que lhes damos. A vida é vista em lampejos de lembranças do passado, em fagulhas de esperanças para o futuro, mas tudo é construído no presente. Observe que o trajeto que tem a percorrer deverá ser permeado de ações no bem, no cultivo de bons sentimentos, nos pensamentos justos, no agir amoroso. Busca essas verdades e corrigirá as falhas que lhe tiram a paz.

Os frades apanharam os cestos depositados no chão. Ela segurou o braço de Francisco.

– Paz, filha! Tem o necessário para seguir adiante! Recorde-se: Somos sol, todavia precisamos desvelá-lo, tirando cada camada de dor e de sofrimento que nos impede de brilhar. Confie e siga firme na jornada. Nós nos encontraremos no porvir. Devemos aprender a esperar!

Partiram.

Desapareceram por detrás da linha do horizonte, por entre as árvores e montanhas. Os animais acompanhavam-nos de longe.

Aos poucos, o cenário modificou-se novamente. Vitória e Ambrósio perceberam a magia e o encantamento desfazendo-se, mas não por completo, pois sustentavam na mente as alegrias do encontro.

Seguiram um ao lado do outro, conversando sem parar. Comentaram por diversas vezes o mesmo assunto, repetiram cada frase que Francisco pronunciara e, ao ver o sol, recordavam-se das orientações recebidas.

Chamavam-no Irmão Sol. A mente era invadida pelos pensamentos dele, assim como o astro-rei os invadia. Agora, observavam a natureza com outros olhos: cada pássaro, cada folha, cada flor, enfim, tudo o que nela existia eram seus irmãos.

Vitória notou como Ambrósio impressionara-se com o encontro.

– São homens de boa conduta, trazem a força do amor na face. Estou afeiçoado a eles, quero reencontrá-los!

Ela sorriu com a revelação do amigo. Suas palavras denotavam evolução espiritual.

– Encontramos gente desconhecida demais nos últimos dias. O tempo está mudando! Algo diferente acontece! Só não defino ao certo do que se trata – observou ele.

– Mudanças são interessantes. Prefiro que aconteçam a viver na rotina. Somos ousados e evoluímos quando as buscamos. Brevemente, teremos novas pessoas por essas redondezas. Não ouviu o frade dizer que em futuro bem próximo farão morada naquela montanha?

– Mas só aceitarão os frades.

– Certamente! – disse, fazendo breve pausa. – Talvez aceitem pessoas da comunidade, nem que seja só para ouvir as celebrações!

– Serve ouvir celebrações se não entendemos nada? Pregam em latim. Escuto falar de Jesus e de seus ensinamentos por pessoas que nem do clero são.

– É verdade! Mas um dia isso mudará! Talvez esses que encontramos comecem a transformação!

– Apressemo-nos. Está tarde! Depois, não quero encontrar os forasteiros que invadiram a cidade – advertia Ambrósio.

– A conversa está tão boa! Quando chegarmos, teremos outros afazeres e então esqueceremos este momento ímpar.

– Por que ímpar? Não disse que crê em um novo reencontro com os frades? Então, por que a dúvida? Esses momentos serão muitos.

– Que otimista!

– Além de otimista, apressado para chegar! Nós já falamos sobre o mesmo assunto dezenas de vezes. Guardemos um pouco para outro momento. Se não, esgota.

Sob o crepúsculo, sentada ao lado de Ambrósio, na varanda, Vitória admirava a luz brilhante que contornava as montanhas. A força do amor vibrava ali na natureza. Os habitantes de agora sentiam as mesmas emoções que os de outrora, quando o Mestre habitou o orbe. São tempos de luz, em que a paz e o bem, Irmão Sol e Irmã Lua habitavam a Terra e promoviam a volta do Cristo em suas atitudes.

As estrelas enfeitavam o Céu, o nimbo da Lua iluminava a escuridão, o vento frio soprou mais forte. Adormeceram mais cedo.

Capítulo 5

UM POUCO DE ROBERTO

Roberto, ainda jovem, partiu desejoso de conhecer outros países. A família, o berço seguro, naquele instante, tornou-se somente referência. Em suas andanças, percorreu vilarejos e cidades desconhecidas, mas nunca tirou do pensamento a vontade de retornar.

Todo o continente foi explorado por ele, sem envolver-se com ninguém. Mulher nenhuma o atraía. Sempre que se aproximava de uma, vinha o pressentimento:

"Aproximar-se requer comprometimento; não farei nada do que possa me arrepender amanhã."

A vida ensinava-lhe a hora dos fatos, e, assim, apático, cheio de atenções e de cuidados para consigo, cultivava em demasia o medo de errar. Trabalhava assiduamente para acumular bens suficientes e ter vida tranquila. Ainda assim, a sensação de vazio o perseguia:

"Ah! Se uma mulher me aquecesse a alma nas noites frias e me afagasse nas quentes. Se me falasse da expectativa do novo, diferente daquilo que alimento de negativo, para a vida seguir menos carregada de desejos efêmeros. Sei que não estou só, alguém bem próximo me orienta. No entanto, a dúvida me tortura: existe uma pessoa para mim? Quando a encontrarei? Em que lugar?"

Anos depois, ante as indecisões, resolveu regressar e rever os pais. Voltou.

Quando entrou na Toscana,[20] seguindo distraidamente pelo estreito caminho que levava ao sítio de sua família, avistou ao longe, carregando cestos vazios, Vitória.

"Quem será? Nunca a vi antes! Faz tanto tempo que parti, que é natural não conhecer os novos moradores do lugar!"

Vitória caminhava sozinha. Diante da cena, o coração dele tentou aventurar-se. Não houve dúvida; apressou os passos, mesmo com o peso dos pertences em uma das mãos e um cachorro na outra. Ao ouvir o som de suas passadas, Vitória correu. Ele parou e escondeu-se, temendo ser surpreendido. Não desejava revelar sua identidade. Não naquele momento. Preferia descobrir a origem da moça, para depois procurá-la com calma e garantir o sucesso da empreitada.

Após vê-la olhar para trás diversas vezes, pretendendo identificar quem a seguia, ele decidiu pôr fim à perseguição; afinal, aquele caminho só levaria a um único sítio, e ele conhecia seus proprietários.

Enquanto refletia sobre a situação, Vitória virou-se, inesperadamente. Foi tão rápido que ele deixou o cachorro cair de seus braços. Sentindo-se livre, o animal correu para ela, que o pegou. Ele alegrou-se ao vê-la afagar o animal. Alegria maior foi mirá-la levando algo que lhe pertencia. Com ela ia um pouco dele, no presente que abraçou.

Roberto seguiu por outro caminho. Ainda não iria para casa, passaria momentos nas montanhas, como fazia na ado-

---

20. A Toscana é uma região da Itália central, cuja capital é Florença. **N.A.**

lescência: sumia na floresta, voltando tempos depois, quando a família preocupava-se em demasia. Durante a permanência ali, em contato com a natureza, ele refletia sobre a vida, seus erros e acertos.

Após toda essa encenação, a realidade veio à tona. Seu pai havia morrido durante sua ausência.

"Não mais sentirei seu abraço amigo! Nem ouvirei suas palavras disciplinando-me! Tudo ficou registrado na memória, principalmente os exemplos de homem honrado e honesto que foi e cujo modelo procuro seguir" – refletiu.

Readaptou-se ao lugar, porém, nunca imaginou que aquela mesma figura feminina que encontrara na estrada apareceria em sua casa, sentada na varanda, conversando com sua mãe. Nas reflexões, já havia até ensaiado uma visita ao sítio vizinho, pois se recordou de que pertencia a velhos amigos da família, Rafael e Lourdes. No entanto, não foi preciso; antes de visitá-los, lá estava ela sentada na varanda, sorridente, como a tinha visto, pela primeira vez, na estrada, levando os cestos.

Passados alguns dias, o corcel negro, sem nenhuma mescla de outra cor, sem nenhum detalhe, uma vez que por si só era o grande destaque, relinchou para chamar sua atenção. Do alto da montaria, um galante rapaz domava-o. Roberto, sentado na varanda, deixou envolver-se na cena. Foi Malco, seu amigo de infância, que desceu do animal e surpreendeu-o em seus devaneios.

– Um presente para ti.

Abraçaram-se.

Malco entregou-lhe o animal, guardado para aquele momento; Roberto, de imediato, convidou-o a passear. Desejava encontrar Vitória.

Chegaram ao sítio de Rafael e descobriram que ela estava em suas andanças. Decepcionado, ele aproveitou a oportunidade para fortalecer os laços de amizade entre as famílias, encantando Lourdes e Elizabeth, as únicas presentes no momento, com suas histórias.

Ele avistou o cachorro que fora seu e que, sem querer, dera a Vitória, mas silenciou para não revelar o episódio. Fidalgo rondou-lhe os pés, enquanto ele o afastava, discretamente, para não levantar suspeitas.

Ao sair, deixou potes de doce para Vitória. E acertou que no próximo domingo a família de Lourdes visitaria o sítio de Carmela. Ele partiu com a certeza do reencontro.

Os dias passaram depressa, pelo menos para Vitória.

No domingo, despertaram cedo, apreensivos com a visita ao sítio de Carmela. Elizabeth nem sequer permitiu à sua mãe escolher a roupa que vestiria. Foi ao varal e recolheu a que mais lhe agradava. Outro que se levantou antes do amanhecer e colocou o agasalho mais bonito foi Ambrósio. Nem perguntou a Rafael se também iria; acostumara-se a participar das reuniões da família.

Vitória foi a última a sair. Até Elizabeth irritou-se com a demora.

– Quando chegarmos, minhas amigas já terão ido!

– Tenha calma, filha! Ainda é cedo. Espera a tua irmã se arrumar. Acordou tarde!

– Pelo contrário. Despertou antes de mim. Agora é a última a sair.

Pouco tempo depois ela saiu; muito bem-vestida.

Seguiram.

A carroça usada no trabalho da família, principalmente no transporte dos legumes e cereais, fora, para aquela ocasião, decorada de outra maneira. Ambrósio guiava o veículo enquanto todos entoavam canções que recordavam os tempos em que passeavam constantemente pela região.

Como previra Elizabeth, o encontro já havia iniciado.

Com a chegada de Vitória, Roberto correu para recepcioná-la. Antes que a alcançasse, para que outros não levantassem suspeitas infundadas, Carmela antecipou-se e cumprimentou-a, convidando-os a sentar. Somente depois, teve ele oportunidade de saudá-los.

– Agradeço o aceite do convite! É bom rever amigos para atualizar ideias!

Roberto era de estirpe inigualável. Causava inveja a qualquer outro rapaz de sua idade. O contato com pessoas da Corte, durante as viagens que fizera, transformara-o em verdadeiro cavalheiro.

Não obstante a atitude de Carmela em querer preservar a imagem do casal, alguns convidados não deixaram de notar a atenção que Roberto dispensava a Vitória. Principalmente as primas perceberam os olhares que trocavam.

Mas ao observar as investidas do rapaz, Vitória desviou o olhar. Jamais corresponderia às gentilezas de quem quer que fosse sem a autorização prévia dos pais. Preferiu manter-se discreta. Se algo houvesse de acontecer, isso deveria partir dele. Se falasse com seus pais, seria comunicada imediatamente.

Mesmo estando em uma época na qual os costumes determinavam como os pais deveriam proceder em relação ao futuro dos filhos, Rafael e Lourdes não impuseram regras matrimoniais a suas filhas. Eis o motivo para Vitória não estar comprometida. Roberto teve conhecimento da informação pouco antes do domingo, por meio de um tio:

– Está em idade adulta, mas os pais não procuram um pretendente para ela...

De posse dessa informação, ele dispôs-se a tomar a decisão que mudaria sua vida. Só faltava compartilhar o fato com sua mãe. Uma opinião de cunho familiar o acalmaria. E foi o que fez na primeira oportunidade que teve, quando ela seguiu ao interior da casa para apanhar mais iguarias.

– Mãe! Pensei se... Bem, cheguei há pouco tempo... Houve oportunidade de conversar com muitas moças... Nenhuma delas me chamou mais a atenção do que Vitória...

– Filho! Sei o que dirá. E eu aprovo. Tenho grande admiração por ela; e minha alma anseia vê-los casados.

– Fala sem rodeios. Diz algo que já imaginava. Isso me apavora!

– O desconhecido sempre apavora. Difícil, mais ainda, é adaptar-se a ele.

– Acontece rápido demais! Nunca me ocorreu algo parecido! Conheci muitas moças, mas nenhuma que domasse meu coração. Desta vez é diferente. Estou completamente entregue a essa conquista, assustado!

– Pois não se assuste, filho! As pessoas cruzam o nosso caminho e não o fazem por acaso. Viemos para compartilhar experiências com seres que nos são caros, justamente por fazerem parte do nosso convívio desde longa data.

– Tudo parece ter sido planejado, como se já soubesse que seria assim! Sem falar da impressão de conhecê-la desde sempre.

– Repito: ao vir de outras existências, trazemos conosco aqueles a quem amamos ou odiamos, ou os que nutrem esses sentimentos por nós. Digo "trazemos", porque é isso o que de fato acontece.

Carmela deu por finalizada a conversa. Para ela, era o suficiente para entender o sentimento do filho. Voltou à sala, enquanto ele ficou ali por mais alguns instantes, pensativo. Ao também retornar, avistou Vitória conversando com suas primas. De longe, sem ninguém perceber sua presença, mirou-a.

Capítulo 6

A FESTA

NO DIA ANTERIOR à festa, Carmela preparou as guloseimas que serviria no encontro. Convidara não somente a família de Rafael, mas também parentes e amigos. O dia nem amanheceu e já dava os últimos retoques nos enfeites.

Pensativo, a ansiedade incontrolável, Roberto admirava da varanda o movimento silencioso e incansável das nuvens, brincando de decifrar as figuras que desenhavam. Praticamente não dormiu a noite de sábado para o domingo; a ânsia de solucionar os questionamentos de ordem afetiva assomava-lhe, abrindo espaço para as dúvidas e preocupações desnecessárias.

Certa noite, bem tarde, Carmela ouviu burburinhos. Preocupada, interrogou-o:

– Por que fala baixinho?

Ele contornou a situação com boa desculpa, mas a atitude deixou sua mãe mais aflita sobre o estado de saúde dele. Imaginava que talvez houvesse contraído mal incurável ou adquirido dívidas nas viagens, ficando naquela situação por não conseguir saldá-las.

Quando os primeiros convidados chegaram, Carmela havia terminado de providenciar o necessário. De acordo com a contagem que fizera, não seriam muitos os que viriam. Somente os que possuíam vínculo com o rapaz foram chamados. Todavia, supôs que atenderiam, já que desejavam ver o garoto readaptado ao lugar, com nova família, para evitar que ela voltasse à vida solitária. Por isso, compareceriam e tudo fariam para agradar-lhe.

Aos poucos, a casa apequenou-se. Juntamente com os convidados, outros amigos vieram; entre eles, os de Armando, que, mesmo após a sua morte, mantinham laços de amizade com a família; os de infância de Roberto e os antigos funcionários da casa, que agora trabalhavam em outros ramos de negócios no vilarejo.

Os convidados esqueceram-se do tempo e dialogavam na sala e na varanda da casa, empolgados com o reencontro.

– Como é bonito o filho de Carmela! – comentavam as moças entre si, suspirando. Poucas se lembravam do rapaz. Como Vitória, elas também não participaram das reuniões sociais, à época dele. Quando alcançaram a idade permitida para frequentar tais atividades, ele já havia partido.

As primas cercaram-no com excessos de carinho e atenção, não dando espaço para que outras participassem das histórias e anedotas contadas por ele. As convidadas, que também desejavam desfrutar da conversa, mas que não faziam parte da família, constrangeram-se com o fato.

De repente, a porta principal se abriu e alguém entrou na sala, assombrando a todos. Depois a presença feminina vasculhou com os olhos, à procura da pessoa de sua referência. Vasculhou rapidamente. Seria impossível duvidar que não conhecesse alguém ali.

Esguia, pele branca e olhos verdes. Roberto abordou-a,

evidenciando aos convidados e familiares que se tratava de pessoa de sua confiança. Na sequência, disse-lhe da festa e fê-la acomodar-se próximo ao repositório, onde ficaria mais à vontade. Dali em diante, permaneceu ao lado dela, como agiria um bom anfitrião.

Carmela não a reconheceu. Então, inteirou-se com outras amigas sobre a origem da moça. Assim como ela mesma, as outras nada sabiam.

Convicta, acostumada a tudo saber, nem que para isso pagasse pela informação, Raquel, uma das primas de Roberto que conversava com Vitória, afastou-se e foi ter com a personagem misteriosa. Todos os presentes miravam a estranha, abismados e, ao mesmo tempo, impressionados com a situação. Divagavam sobre a cena. Nunca acontecera algo tão inusitado nas reuniões de família realizadas ali.

– Vem de longe? Traz na face traços que não possuímos! Seu cabelo, sua pele, seu jeito de vestir, são diferentes! – admirou Raquel, com sinceridade e sem disfarces.

– Roberto é caro para mim. Diria que é alguém difícil de ser conquistado. Mais ainda, é um tesouro impossível de ser guardado em um baú. Viena é logo ali. Pensei até que fosse mais distante, e, em uma de suas passagens por lá, tentei aprisioná-lo, mas, você sabe, pássaros são mais nossos quando livres – falou a desconhecida mirando-o e sorrindo. – Contudo, não a quero preocupada. Vim tão somente revê-lo.

Roberto, entre as duas jovens, atencioso para deixá-las à vontade, trocava de perna no descanso, sem tirar a atenção.

– Prima! Conheci Sofia em Viena, quando lá me demorei por motivo de estudo...

– Verdadeiramente, mostrei-lhe o que há de mais belo na cidade, mas não o fiz apaixonar-se pelo lugar, pois voltou tão depressa à terra natal que um corcel bem treinado não o faria mais rápido.

– Foi o dever, querida! Não me sentia feliz com as frequentes mudanças de destino, sem rumo nem pouso certo. Desejei rever a família – falou detendo o olhar na face amiga e mudou de assunto, repentinamente. – Mas nem bem cheguei e adentra o meu sítio, tão vulcânica que ainda estou tonto. De onde vem? Como chegou?!

– Ensinou-me a chegar aqui pensando que eu não viria?! Só que vim. Estou na sua frente!

– O que move uma jovem que habita terra tão distante a sair à procura de garboso moço? Revele-me esse segredo! – falou Raquel em tom sarcástico.

– Desfrutarei da companhia de Roberto. Tenho-o na qualidade de irmão. Ao nos vermos pela primeira vez, brotou a certeza de nossos sentimentos. Tamanha foi a empatia, que conversamos sobre assuntos comuns a nós dois, sem nunca termos nos visto antes. Não sei se já te ocorreu situação semelhante.

– A apatia deste lugar impede que algo semelhante aconteça. Conhecemo-nos desde o nascimento. São poucos os desconhecidos que por aqui rondam.

Calado, Roberto situava-se geograficamente entre o sorriso de desdém da prima e a clareza de Sofia.

Raquel agia mais como um arco disparando flechas contra o inimigo do que como uma simples camponesa em busca de respostas.

– Pretende ficar? Deter-se em nossas paragens? Não são enfadonhos lugares bucólicos?

Raquel investigava sem fazer rodeios, sorvendo de uma só vez o líquido do copo. Antes que Sofia respondesse, Roberto viu, na aproximação de sua mãe, a oportunidade para interromper a prima, que se tornava inoportuna.

– Deixe-me apresentá-la à mamãe.

Carmela aproximou-se um pouco mais e cumprimentou Sofia.

– Bela moça, filho! Que traços bem delineados e pele rigorosamente cuidada!

– Sofia, esta é minha mãe.

– Tão jovem assim?!

– E a que lhe aborda é Raquel, minha prima.

– Demorará? Tem familiar nestas redondezas?

Raquel era incisiva na investigação, constrangendo-os.

– Minhas malas estão na charrete que aluguei para chegar aqui. Penso demorar-me por pouco tempo.

De repente, ela mudou a fisionomia:

– Devo pagar os serviços do cocheiro. Jamais teria encontrado este sítio sem a ajuda dele.

– Não pretende demorar-se por muito?! – agora era Roberto quem a interrogava.

– Se permitir, senhora Carmela, ficarei hospedada em sua casa. Sempre gostei de lugares bucólicos. E este rio excita os ânimos. É um contato com a natureza que nunca experimentei antes.

– Em Viena não existe rio? Pensei que houvesse...

Raquel incomodava Sofia, insistentemente.

O anfitrião, mais uma vez, tirou a atenção da recém-chegada da conversa que a prima persistia em travar. Olhou para o terreiro através da janela e avistou a charrete que trouxera a amiga. Então, disse-lhe:

– Claro! Ficará hospedada conosco. Nem se quisesse ir para outro lugar, não aceitaríamos. Recolherei as suas bagagens e dispensarei o cocheiro.

– Sim, faz isso, filho! A moça veio de longe, está cansada. Prepararei um banho quente e um quarto com cama bem macia.

Camela virou-se para Sofia:

– Ficará conosco o tempo desejado.

– Agradeço a gentileza! Ficarei somente o tempo suficiente para conhecer um pouco mais da vida de seu filho.

Roberto e Sofia retiraram-se, e Raquel retornou, em disparada, para junto das amigas. Sem nenhum pudor, revelou a conversa que tivera com a vienense. Narrou os fatos encompridando-os, para deixá-los mais picantes. Com eloquência, incitou as amigas, desenhando figuras com as palavras.

– E não possui família essa moça? Sai assim, como uma qualquer? Não tem a quem dar satisfação? – questionou-lhe outra prima.

Vitória calou-se, mas na mente os pensamentos vacilavam: "Quem será a jovem que surgiu repentinamente causando tanto fascínio sobre Roberto? Praticamente esqueceu-se de todos os convidados para dar-lhe atenção exclusiva!"

Roberto atravessou a sala com as malas nas mãos, sendo seguido por Firmino, ajudante do sítio, que trazia as demais. Só então se lembrou de apresentar a amiga.

– Esta é Sofia. Conhecemo-nos em Viena. Convidei-a para vir ao nosso sítio. Então, aqui está.

Todos sorriram e estenderam-lhe a mão em cumprimento, sendo apertadas de uma a uma pela moça. Vitória, ainda devaneando, não o ouvira. Então, acompanhou os demais, também lhe ofereceu a mão.

Após os cumprimentos, dirigiram-se ao interior da casa. Pouco tempo depois, retornou Firmino, que orientou o cocheiro sobre o caminho a ser seguido para alcançar mais depressa o vilarejo. Roberto surgiu acompanhado pela mãe. Informaram que Sofia tomaria um banho quente e descansaria. Não voltaria à reunião familiar.

A tentativa de voltar à tranquilidade que até há pouco

havia no lugar fora imensa; entretanto, Roberto, apreensivo, distanciou-se. O que constrangeu a todos, levando-os a partir um após o outro. Em poucos minutos, a casa esvaziou-se. A família de Vitória foi a última a sair.

– Muito obrigado pela recepção! Quando puderem, visitem-nos! – Rafael convidou-os.

– Iremos com todo o prazer. Antes avisaremos para que nos esperem. Peço desculpas. Da última vez não comuniquei de minha ida! – justificava-se Roberto.

Partiram.

Roberto imergiu em reflexões. Foi tudo tão rápido que não houve tempo de colocar o plano em ação, em relação a Vitória. Entristeceu-se ao vê-la partir sem receber a atenção merecida.

Jogou-se em uma cadeira próxima à janela e recordou-se do passado.

Capítulo 7

EM VIENA

ROBERTO DESCIA O RIO Danúbio que atravessava Viena. Moradores caminhavam nas margens. Era verão.

Jovial, o aventureiro passeava de barco e esperava o entardecer para seguir à Escola Superior e aproveitar da sabedoria dos mestres. Desejava elevar seu nível cultural para levar algo de nobre daquela gente.

Sua face, aquecida por doses de sol, semelhante à brancura de Themis,[21] do Panteão Grego,[22] ficara rosada. Ao passar entre as árvores, a intensidade dos raios diminuía. Os olhos fechados registravam a sensação. Recordou-se dos rios de sua terra. Eram muitos os leitos d'água da Toscana. E ele gostava de banhar-se naquelas águas! Ansiava por voltar à infância e agarrar-se aos amigos em queda livre.

"Que barulho estranho! Alguém se atirou às águas!"

O som cortou seus pensamentos. Teve a impressão de ser uma recordação. Contudo, o impacto na água trouxe-o à vida real.

---

21. Divindade grega na qual a justiça é definida. Deusa-guardiã dos juramentos dos homens e da lei. **N.A.**
22. Conjunto de deuses de determinada religião. **N.A.**

Curiosos desceram ao leito, de olhos fixos, para entender o ocorrido. Outros, atônitos, aproximavam-se prestativos. Confuso, pois a ação fora repentina demais para ser absorvida aprazivelmente, Roberto investigou o canoeiro.

– Engano-me ou alguém se jogou no rio?

– Sim. Daqui a vi...

Nem bem o homem fechou a boca, Roberto avistou o corpo subindo e descendo, rio abaixo.

– O que aconteceu para jogar-se assim? – despertou de imediato. – Não há tempo para perguntas, devo agir.

Não tirou as vestes. Sem refletir mais ainda, jogou-se no rio e nadou em sentido ao corpo. Antes que ele afundasse novamente, segurou-o pela cintura. Boiou desejando alcançar a margem, mas a mulher agarrou-se com tanta força no seu braço que o arrastou para o fundo. Por segundos o mundo desapareceu.

Ele agora lutava para voltar à tona, nadava e punha em uso todos os músculos, para ser suficiente e agir com amor ao próximo. Emergiu novamente, mas a mente carregava tantas ideias que o fez afundar mais depressa. Debateu-se nas águas, enquanto imagens lhe passavam pela mente.

Respirou e voltou ao fundo para o resgate da jovem que, por algum motivo, caíra no rio e se afogava. Deitou-a na areia e verificou sua respiração. Ao conferir os parcos batimentos cardíacos, uniu sua boca à dela e soprou o ar que lhe era necessário à continuidade da jornada. A jovem despertou confusa, sem saber ao certo o que acontecia. Divisou a paisagem ao redor e pôs-se a chorar. Pessoas observavam cada lance do ocorrido.

O sol frio tornava mórbida a tarde. Os menos interessados afastaram-se, rapidamente. Então, um senhor aproximou-se e afagou a garota. As dúvidas aumentaram, e o silêncio margeou os atos sem que ninguém ousasse rompê-lo. Na tentativa de partir, Roberto tentou erguer-se. Porém, uma mão reteve-o.

– Espera!

Roberto teve a impressão de escutar esta exclamação.

A mulher com os olhos vermelhos, faces rubras e cabelos desalinhados implorava por mais tempo.

"Não me pede demais?! Devo estar presente ao encontro para o qual vinha me preparando desde há muito. Deseja esta jovem roubar-me mais tempo?" – pensou o rapaz, mas não se deixou envolver pela dúvida; voltou-se, mirou-a nos olhos e deu-lhe a atenção solicitada.

– Permita-me agradecer-lhe e saber o nome do anjo que me salvou a vida.

– Roberto. Hospedo-me em um dos albergues destinados aos estrangeiros, próximo ao mercado. Se desejar ver-me, fique à vontade. Por ora, perdoe-me a pressa! Devo passar no apartamento, trocar as vestes molhadas e alcançar um compromisso na Escola Superior.

A garota, ainda deitada, fitou-o até que o vulto desaparecesse na ribanceira.

Roberto avançou rápido pelas ruas. Ao chegar à Escola, deparou as portas fechadas. Subiu a escada, mas, à entrada, o atendente informou que o expediente só reabriria no dia seguinte.

De fato, perdera o encontro. Os mestres já haviam partido. Ele encontraria outro meio de manter contato com eles. Não foi o banho estúpido o fator desencadeante do constrangimento. Afinal, ele jamais se banharia no rio caudaloso se não fosse o incidente. Talvez tenha sido o excesso de desejo.

De volta, em poucos instantes alcançou o quarto. Vestiu o pijama e deitou-se. Quando estava prestes a adormecer, alguém bateu à porta.

"Por que me incomodam?! Será que hoje não mereço o descanso dos aventureiros?"

Tentou recordar-se se esperava alguém, mas ninguém lhe veio à mente. Abriu a porta.

Uma mulher esguia parada à sua frente, com uma garrafa de vinho em uma das mãos e um buquê de flores na outra, aguardava-o. Reconheceu nela a garota que socorrera no final da tarde.

– Vim agradecer-lhe a gentileza e pedir desculpas pela imprudência! Atrapalhei seus compromissos. Quero retribuir o carinho.

A atitude dela era vanguardista, no século XIII mulheres consideradas de família não bateriam à porta de um cavalheiro nem traria nas mãos vinho e flores para ofertar-lhe

Ao terminar a fala, deu-lhe os agrados, virou-se e saiu, mas regressou de imediato.

– Permita-me convidá-lo para jantar em minha casa amanhã à noite. Pedirei ao cocheiro para apanhá-lo.

Roberto fitou a mulher com atenção. Sua imaginação recusava-se a acreditar que fosse a mesma que caíra no rio. Outro fato, a face, o jeito de olhar, os cabelos dela, tudo lhe era familiar. Não como uma pessoa conhecida de alguns dias, mas como se a intimidade entre eles fosse comum a vida inteira. Sentia isso no coração, não com a razão.

– Sim, claro! Amanhã...

– Nos primeiros instantes da noite, permite?

– Nos primeiros instantes...

– Mas não se atrase! A não ser que outra dama venha a cair no rio.

Ambos riram e, com esta alegria, despediram-se.

No dia seguinte, antes que a noite descesse, um cocheiro o aguardava na rua, próximo ao prédio. Foi o porteiro do albergue que lhe comunicou sua chegada. Vendo que estava dentro do horário acertado, deu continuidade em vestir-se sem pressa, deixando que o funcionário o esperasse na carruagem.

Ao descer, despediu-se dos amigos ao pé da porta e tomou lugar na carruagem, que circulou por algumas ruas até alcançar um sobrado situado em bairro nobre. Ele saltou do veículo e foi conduzido pelo cocheiro ao interior da casa.

O homem que se aproximara no momento do salvamento, à margem do rio, veio recepcioná-lo. Conduziu-o à sala já posta para o jantar. Tudo era muito requintado e prazeroso.

A porta lateral abriu-se e por ela surgiu a senhorita.

– Obrigada por aceitar nosso convite! Papai insistiu para que viesse. Esperamos retribuir o que fez por nós. Antes, ainda, gostaria de apresentar-me formalmente. Estamos desde ontem estreitando nossos laços de amizade e não sabe meu nome. Chamo-me Sofia – disse a jovem, estendendo a mão, que Roberto beijou elegantemente.

Sofia conduziu o visitante à mesa. Os outros, improvisados detetives, seguiram-nos. Durante o jantar, travaram bons diálogos sobre assuntos em voga. O principal deles foram os motivos para Roberto estar tão distante da família. Ao final, a anfitriã prometeu intermediar, junto aos mestres da Escola Superior, uma nova oportunidade. Para tal, usaria das prerrogativas do pai, que tinha trânsito livre na academia e representantes da Igreja.

– Devo-lhe a vida. Terei grande satisfação em ajudá-lo – falou Sofia.

Naquele momento, uma pergunta invadiu de chofre a mente do convidado: "Como teria caído no rio?"

Verbalizou a pergunta e sentiu o desconforto tanto do pai quanto da filha. O silêncio só foi quebrado quando o copeiro entrou na sala com a sobremesa. Ele julgou por bem não insistir no assunto.

A noite findou agradável. Iguais àquelas, muitas outras se repetiriam.

Passado algum tempo, agora deitado em seu quarto do albergue, ouviu o vento bater forte na janela, sinalizando o início de inverno, que, ao contrário dos anos anteriores, seria mais rigoroso. Em breve dezembro chegaria e, com ele, a neve. O nascimento do Cristo será comemorado por volta desse mesmo período. Lembrou-se de que partira da Toscana havia mais de três meses e fazia cinco anos que se distanciara dos familiares.

Durante a estada em Viena, praticamente todas as tardes encontrava-se com Sofia em algum restaurante durante a semana ou na residência dela aos fins de semana, quando o pai se fazia presente. Nas reuniões, ele teve a oportunidade de ouvir dos anfitriões coisas interessantíssimas sobre a formação dos povos, o início da construção imaginária das fronteiras, pois começavam a ser delimitadas, rigorosamente; o poderio da Igreja e o perigo que isso representava aos imperadores, como também à população, que, como cegos, seguia as ordens do clero sem questionar-lhe os ensinamentos.

O Cristo significava mais um símbolo dogmático do que a figura do Mestre Incomparável que veio ensinar a verdade, sendo ela possível de ser debatida livremente, a fim de ser compreendida. Quem se arvorava no direito de pregar em nome de Deus (o clero) fazia mais para impor sua autoridade sobre os menos favorecidos (os simples) do que no intento de transformar almas e prepará-las para o ingresso no reino por ele anunciado.

– Vejo grandes monumentos erguidos pelos reis! – admirava-se Roberto, enquanto confabulava com os mestres da Escola Superior. – Castelos, estátuas, obeliscos, arcos, em honra e glória às conquistas nas guerras ou para homenagear familiares importantes. Como consequência, as autoridades do catolicismo: padres, bispos, arcebispos, papas, desejando mostrar aos reis seu poder superior, ordenam a construção de imensas catedrais, com torres mais altas do que as dos castelos da realeza, custeadas pelos fiéis que sonham conquistar, facilmente, o Reino dos Céus, ainda que para isso tenham de explorar o trabalho escravo de pessoas simples.

Roberto não disfarçava a indignação ante tanta opulência.

– Quanto mais fabuloso o templo, maior poder de governança possui o clero! A luta entre a Igreja e a Monarquia por espaço territorial e domínio sobre a vontade do povo é visível e execrável, relegando a plano secundário a vontade de Deus, que é tão festejado e anunciado nas celebrações...

Roberto discernia profundamente as contradições entre o discurso religioso e a prática sacerdotal, discordando, na maior parte das vezes, das suas ações, mas não ousava disseminar suas ideias em praça pública. Temia represálias.

Sofia o acompanhava nas andanças pela cidade. A beleza física de ambos, que os encantou no princípio, quando se viram depois do quase afogamento, permanecia reluzente neles, mas o sentimento de amor carnal não fora alimentado, tendo sido despertada, em seu lugar, a amizade.

Roberto e Sofia tinham grande apreço um ao outro. Eram filhos únicos. E a necessidade, desde a infância, de ter com quem compartilhar experiências era premente. Aquela oportunidade não seria desperdiçada por causa de desejos passageiros que nada significavam diante da vontade de serem irmãos. Sentimento nutrido pelos dois, mas trazido como certeza em si mesmos. Ela dizia ser ele o irmão querido, ele dizia ser ela a irmã oculta e agora revelada.

– Um mistério nos envolve, um grande e fantástico mistério – Sofia concluiu, revelando suas suspeitas e sensações.

Com o tempo, Roberto identificou na vienense uma alma importante para ele, pelos carinhos compartilhados. Se existissem criaturas afins, Sofia era, sem dúvida alguma, sua irmã.

Em um dos passeios, a vienense revelou-lhe que naquela tarde de domingo na qual quase se afogara, havia se desgostado com a vida. Durante muito tempo, ela mantivera compromisso com determinado rapaz, contra a própria vontade, por imposição do pai, desde que era ainda criança. Mas como não cultivava sentimentos nobres por ele, decidiu pôr fim à própria vida. Após o episódio, seu pai, por medo que a loucura se repetisse, mas envergonhado, pois a palavra havia sido empenhada, procurou a família do futuro genro e propôs o rompimento do acordo, o que foi plenamente aceito, uma vez que o pretendente, por sua vez, também acalentava desejo de se casar com outra mulher.

Atitudes como a de Sofia era comum à época; o suicídio era visto como porta de saída da vida material quando outra solução não vinha para os relacionamentos subjugados à vontade dos genitores, para atender interesses meramente políticos ou financeiros. Outro dano causado à mulher, era o aborto praticado para manter a honra da família, quando a gravidez surgia sem um casamento. E manter imaculada a imagem da família.

Certa noite, Vitória surgiu em sonho a Roberto. Ele viu-a aproximar-se de sua cama, e, debruçando-se, beijar-lhe a face. Confuso, sem saber se fora um sonho ou um delírio, procurou pelo quarto e nos corredores aquele vulto misterioso, mas não encontrou ninguém. Tentou reter a imagem na memória; porém, aos poucos, esta foi-se diluindo entre outras visualizações.

Depois de muitos encontros com Vitória, sempre durante o sono, quando sentia o espírito ganhar liberdade e deixar sobre o móvel o corpo perecível em descanso, ele narrou o ocorrido a Sofia.

– Nunca a vi antes...

– Caro amigo! Não me diga que está apaixonado por um fantasma!

– Não se trata de um fantasma. Sei que ela existe. Nossos encontros são reais, apesar de acontecer durante o sono. Durmo e a vejo, a sinto, a toco. Só não sei quem é e nem onde vive.

O fato aconteceu próximo de sua partida à Toscana, fazendo Sofia supor que iria atrás do fantasma. Mas não se deixou envolver nas desconfianças. Respeitou o desejo do irmão e prometeu-lhe que, um dia, iria à sua procura.

Roberto, por diversas vezes, ensinou-lhe o caminho até o sítio. O que não era difícil, pois era comum as caravanas, de Viena a Roma, passarem pelo vilarejo na Toscana. Realizavam verdadeiras romarias em diversas épocas do ano para celebração dos dias santos, em atenção ao pedido do papa. Bastava Sofia agregar-se a um desses grupos.

– Se um dia o desejo de rever-me for mais forte, siga as caravanas que partem desta cidade em direção a Roma. Antes que chegue ao destino final, encontrará o vilarejo e, no entorno, a propriedade de minha família!

Antes de partir, travaram longa conversa sobre o futuro, discutiram a respeito dos bons sentimentos e das angústias. Prometeram que tudo fariam para o reencontro acontecer logo. Ele a fez prometer que nunca mais buscaria no suicídio a saída para os problemas. Se ela houvesse morrido naquele dia, não teriam se conhecido. E que triste seria a vida sem a presença um do outro!

Roberto se preparava para a partida quando o pai de Sofia entrou em seu quarto com feições de horror. Pediu para sentar-se e solicitou um pouco do tempo dele para narrar seus tormentos.

– Amigo, quando aqui chegou trazia a tranquilidade. Minha filhinha nunca foi tão feliz como agora, a ponto de temer por sua partida, pois sei que isso a fará muito triste. Peço-lhe, não vá!

– Senhor, não tema pela felicidade de sua filha! Ela está plenamente satisfeita com minha decisão de partir. Não a abandonarei. Onde eu estiver, se ela precisar de mim ou se a saudade for maior, nós nos reencontraremos.

Ante aquela revelação, o homem conformou-se. Sofia saberia onde encontrá-lo.

Roberto partiu de volta ao vilarejo, levando a bagagem e um cachorro que Sofia lhe dera de presente. A viagem seria demorada, pois estavam em pleno inverno. Mas não havia pressa. Ficaria em cada lugar o tempo necessário para seguir sempre em segurança. Retornaria para casa. Chegaria durante o verão.

Repentinamente, no sítio, ainda sentado na varanda, o vento bateu mais forte, despertando-o das lembranças. Os pensamentos vagueavam entre Vitória e Sofia. Ambas importantes e agora tão próximas. Por quanto tempo ficou naquele estado?! Os convidados haviam partido quando ainda era dia. Sua mãe e Sofia já haviam se recolhido.

Fechou a janela. Foi para o quarto. Deitou-se e logo adormeceu.

Capítulo 8

PRIMEIRAS IMPRESSÕES

NO DIA SEGUINTE, UMA gargalhada estridente cortou o ar daquela manhã de segunda-feira. Roberto despertou, olhou ao lado, como se o som houvesse partido dali. Ao perceber-se sozinho, tentou dormir novamente, jogando outra vez sobre si o lençol que o cobria. Refletiu sobre os últimos acontecimentos, para experimentar a calma que poucas vezes havia sentido, pela presença de Sofia e Vitória.

Pôs o casaco e seguiu à sala onde Sofia e Carmela degustavam o desjejum. Conversavam com tanta intimidade que parecia se conhecerem desde há muitos anos. Entre um e outro gole de suco, Sofia narrava suas histórias, revelando o porquê de Roberto ter tanto apreço por ela.

No teor da conversa, Carmela colhia as sensações e tirava suas conclusões, como a informação de, tendo-se conhecido havia poucas horas, já se gostarem tanto uma da outra. Não colheu nenhum sinal de intimidade maior, além do de amizade. Sofia, quando iniciou o diálogo, relatou como os dois se conheceram. Carmela, que não sabia ao certo como eram as aventuras do filho, atentou para cada detalhe da história. Perscrutou as circunstâncias que propiciaram o encontro entre eles e concluiu, por fim, que ambos careciam de amizade. Era natural que fosse assim. Ainda observou que, quando ela falava sobre Roberto, seus lábios assumiam formato harmonioso, como se ele fosse um anjo da guarda que a acompanhava. Ela o tinha na qualidade de irmão, e estava ali talvez para que a tivesse na qualidade de mãe.

"Devo portar-me como tal, como mãe que recebe em casa a filha pródiga, sendo que esta não desperdiçou os bens que possuía. Farei o melhor para não a decepcionar" – meditou Carmela, enquanto sentia a aproximação de alguém.

Sutilmente, Roberto integrou-se ao grupo. Com um abraço inesperado e um beijo na face surpreendeu as duas. Juntos continuaram a debulhar histórias. Sofia falou da aventura que foi atravessar de uma região a outra à procura de um ser que sequer supunha existir.

Roberto contou-lhes sobre sua demora no retorno, que, ao chegar à Toscana, demorou-se somente em alguns lugares, devido ao inverno rigoroso e às distâncias que requeriam pouso, de tempo em tempo.

– Então, vim parar na toca do lobo? – falou Sofia, sorrindo de suas desconfianças ao irmão.

– Um lobo bom! Fale-me... O que a fez vir de tão longe? Como está seu pai?

– Uma coisa de cada vez – pediu a moça, enquanto ajustava-se melhor à cadeira para contar a história. – Papai, como sempre, envolveu-se em novos negócios. Com o rompimento de meu noivado, os planos de aumentar as terras da família fracassaram, e o coitado teve de se rearticular em busca de outra saída para pôr em prática o sonho de tornar-se um dos mais prósperos comerciantes da região.

– Desculpem-me. Deixarei vocês a sós. Cuidarei dos afazeres domésticos – interrompeu Carmela, retirando-se.

– Fique à vontade, mamãe. Se precisar, chame-nos.

No mesmo instante, os amigos juntaram-se mais intimamente.

– Diga-me o motivo que a trouxe aqui! Veio mais rápido do que pensei.

– Passou o inverno galopando de cidade em cidade. E eu vim direto, pois já iniciava o verão quando parti. As baixas temperaturas me entristeceram. Imaginei que, de novo, você me alegraria.

– Veio para matar a saudade? Então fez bem! Também estava triste distante de você, e senti uma vontade imensa de lhe contar os meus segredos.

– Permita-me adivinhar!

Após o meneio de cabeça dele, aprovando-a, ela deu sequência:

– Encontrou a mulher dos seus sonhos... Está gostando dela e não sabe como se aproximar?

Roberto sorriu de meia boca e baixou a cabeça.

– Não sabe ou está em dúvida se é o tempo certo para agir? – completou a quase vidente.

– Como sabe exatamente tudo sobre mim, antes que eu fale?

– Lembre-se de que somos irmãos desde os tempos em que habitávamos outros mundos, outras vidas, outras esferas.

"Onde encontra tantas ideias?" – pensou. Mas levantou-se de um rompante e falou:

– Mas está certa! Realmente existe alguém, e esta pessoa ontem mesmo estava aqui, bem aqui! – disse, apontando para a cadeira em que se sentara Vitória. – É a mulher com quem sempre sonhei, e foi com ela em meu pensamento que despertei um dia em Viena, obrigando-me a retornar às pressas para casa.

Sofia riu do amigo. Levantou-se, envolveu-o por trás, fê-lo caminhar até a janela. Apontou o rio:

– É o mesmo rio. Porém são outras águas. São as mesmas árvores, porém outras folhas. Tudo passa, tudo muda, inclusive a vida. É preciso refletir! Quando menos esperamos, chega o momento da renovação. Então surgem novas oportunidades, mas somente a vontade nos levará aonde desejamos estar.

– Confundo-me: essa vontade imensa de ter a jovem somente para mim, ao tempo em que receio não estar preparado para mudar de vida tão repentinamente, maltrata-me!

– Se diz que a presença da moça há muito o perturba, impedindo-o de ser feliz com outra pessoa, então você a ama.

– Mas agora que a encontrei, vejo-a frágil como uma flor que ao menor sopro do vento despetala-se e deixa vazio o galho que lhe dava suporte, torna-o sem perfume e sem beleza.

– Amigo! Delira à toa. O galho deve ser forte o suficiente para que folhas e flores renasçam todos os dias e o tomem novamente por sustentáculo; lembre-se de que nem só de belezas e aromas agradáveis foi criado o mundo!

– Talvez não haja em mim a energia suficiente para ser o jardineiro desse jardim que me proponho plantar.

– Continua fugindo da realidade e criando textos poéticos para justificar seu pessimismo. Por que abre lacunas para tantas dúvidas? O momento é para despertar novas ideias, para aceitar a vida prendendo-te um pouco mais. E essa prisão fará de você outro homem, mais livre, com possibilidades inovadoras. Deixe o amor nascer em você; não se assuste com ele!

– Fala tão sabiamente que chego a pensar que já viveu o que narra!

Depressa, ela mudou a expressão. Ele percebeu e retirou um lenço do bolso, enxugou a face dela.

– Não falei por mal, mas esconde algo. Fala do amor com palavras tão doces que me causa estranheza saber que nunca o tenha vivido.

– O amor é mais que um encontro entre duas pessoas e maior que a intensidade própria da matéria. É o contato com o desconhecido, com o diferente... É perceber o quanto somos divergentes e, ao mesmo tempo, irmãos perante Deus.

– Na busca pelo conhecimento, estou procurando compreender o homem ante a ciência; e você, ante Deus. Como estamos tão próximos e, simultaneamente, tão distantes.

– Engana-se! Pois ciência, amor, filosofia vêm de Deus. Tudo é Ele, onde vê separação, só existe união. Deus cria, o sentimento une, os modos revelam. A divisão é obra do homem. Somente a Ele cabe a lei de igualdade, revelada em sua obra, que não diferencia o desfavorecido do beneficiado – disse a vienense, com outros ares.

Depois acrescentou:

– Então, deixemos de filosofias e busquemos um meio de se aproximar da pretendida!

– Não se preocupe com isso. Veio aqui para conhecer a minha família. Como vê, é pequena; no entanto, bastante feliz.

– E ajudar você a compreender o sentimento que ora sente não será missão que gostarei de executar? Não me contentarei se não lhe auxiliar nessa nova empreitada.

– Como fará isso?

– Conversando com a senhorita. Ela deve ter lá suas vaidades. Garanto-o que, após breve diálogo, estarei a par de todas as informações que deseja.

– E como sabe o que desejo?

– Bobinho! – zombou, batendo-lhe de leve, com a luva, na

face. – Porventura, serei tola? Um homem apaixonado, como é o estado em que se encontra, deseja saber tão somente se é correspondido.

Roberto sorriu, deixando claro à amiga que mais uma vez acertava em suas colocações.

Capítulo 9

VISITA INESPERADA

MOROSO. VITÓRIA DIRIA QUE assim amanheceu o dia. Diria mais: que o sol teve preguiça de surgir; enquanto a lua e as estrelas, de partir. Admirou tudo como mera espectadora de um espetáculo que se repete todos os dias, sem que se reveja uma cena igual à anterior, sem que se identifique um acorde semelhante a outro. O maestro de tudo isso era invisível aos olhos. Ela também participava das mudanças. Nada havia que o olhar não o perseguisse.

Foi desperta do espetáculo pelo som dos cavalos. Também se entretinha tanto no cuidado com o jardim que vagueava sem dar muita atenção a outros assuntos, se não os da natureza! Antes de mirar o solo, para de novo cavá-lo como lhe ensinara Francisco, e sem olhar para verificar de quem se tratava, correu, largando o cesto e as flores. Entrou em casa apressada, atravessando a cozinha onde sua mãe abandonou o fogão e veio ajudá-la; Vitória quase caiu.

– Que foi, filha?!
– Nada, mãe. Somente um susto!
– E se assustou com o nada?

– São os cavalos.

O portal da janela serviu de moldura para a nova cena: os cavalos pararam em frente à porteira do sítio. Rafael aproximou-se das figuras para não ter dúvida de quem eram. A primeira a desmontar foi a jovem, que entrou de rompante na casa de Carmela, no último domingo; e o seguinte, foi Firmino, conhecido servo daquela família. Com isso, Rafael abandonou os equipamentos de trabalho e foi até eles.

Antes de saltar do cavalo para ajudar Sofia, Firmino foi surpreendido ao vê-la descer em fração de segundos, como uma legítima amazona. O volume do vestido não lhe foi tropeço, muito menos as rédeas soltas do cavalo ameaçaram-lhe a segurança; deu a volta com facilidade tamanha que nem Vitória faria melhor, que dirá outra sem destreza!

Ambrósio surgiu por detrás da casa e foi auxiliar os visitantes. Nada fora do costumeiro, pegou os animais e levou-os para beber, sendo seguido pelo amigo que viera.

– Vitória já acordou. Sente-se. Vou chamá-la... Não me demoro!

Rafael foi ao quarto da filha, enquanto Lourdes levantava a barra do vestido, como sempre fazia quando agia movida pela curiosidade, e aproximou-se. Que ritual! Que cenário de modo algum novo: o pai procura a filha sem questionar os porquês, a mãe investiga em busca de porquês!

– Bom dia, senhora Lourdes!

– Sim, sem dúvida, um lindo dia! O que a traz aqui?

– Desculpe-me, senhora, por vir sem avisar! Quero tanto conhecer Vitória que não houve outro meio senão me atrever.

Trêmula, não se sabe se da viagem ou das surpresas do lugar, que para ela deveria ser novidade a cada segundo, Sofia inventava fatos um atrás do outro. Vitória visualizava isso muito bem, pois assim também o fazia.

– Não se desculpe. Não há problema! Chamarei Vitória. Brevemente, estará aqui para recebê-la – esclareceu Lourdes.

– Adivinhou os meus pensamentos. Se puder, fala de minha vontade em saber dos afazeres do lugar, já que pretendo demorar-me um pouco!

– Será um prazer tê-la conosco! Se desejar, sente-se. Pedirei a Vitória que se apresse.

Sofia, extremamente satisfeita com a proposta de Lourdes, conteve o riso exagerado e não revelou o anseio.

Lourdes foi ao quarto da filha.

– Sofia deseja vê-la. Espera-a na varanda. Talvez ela necessite de companhia feminina para compartilhar segredos.

Vitória percebeu um tom de desconfiança na voz de sua mãe... Também, por que ela não o teria? Viviam momentos confusos...

Lourdes preparou o desjejum da família e aproveitaria para servir algo também a Sofia. Pelo horário, seria difícil que ela houvesse se alimentado antes de sair.

Os pais de Vitória confidenciavam:

– Da parte de Roberto não houve nenhuma manifestação. E Vitória cria sentimentos por ele; agora, como agravante, Sofia aparece de modo estranho sem deixar transparente que tipo de ligação existe entre os dois. Preocupo-me! Sou da opinião de não abandonar a casa quando desconhecidos nos visitam – opinou Rafael, sobre o assunto, à esposa.

– Não vejo necessidade. Meu coração de mãe não pressente perigo. Então, tome seu desjejum e siga ao seu trabalho. Observarei o que acontece. Ficar suporia que a presença de Sofia ameaça-nos, e isso poderia ser interpretado como uma agressão à família de Carmela. Depois, Ambrósio permanecerá na casa, como já vem acontecendo. O que nos tranquiliza.

Vitória apareceu na varanda enlaçando Fidalgo em seus

braços, imitando a cena vista no dia anterior, quando a própria vienense invadiu a sala de Carmela. Pôs o cachorro no chão antes de abraçar Sofia. Não obstante o abraço afetuoso que trocaram, Sofia não deixou de observar o animal.

– Que cachorro bonito! – falou apanhando Fidalgo e pondo-o em seu colo. – Já o tem há muito?

– Não! Somente há algumas semanas.

Sofia reconheceu o cachorro, pois o presenteara a Roberto, momentos antes da partida dele de Viena. Era filhote de sua cadela de estimação e possuía os mesmos traços da mãe.

A curiosidade surgiu. Quis saber então como ele viera parar nas mãos de Vitória.

– Vinha do vilarejo quando percebi alguém me seguindo. Levei um grande susto: "Ora, um estranho me segue!" Quem imaginaria um feito desses no vilarejo, distante de tudo?! Eu admirei muito o fato, mas quando me virei, vi-o. Então me tranquilizei.

– Mas os passos de um cão jamais serão confundidos com os de um homem. Quiçá os passos fossem de alguém que não vira! Quiçá do dono dele!

– Não faço a menor ideia. Sabe quem é o dono dele?

– Não, claro que não! Como saberia? Cheguei há pouco.

– Sim, é verdade!

No intervalo, quando o silêncio se faz para dar tempo de encontrarmos ideias para continuidade do diálogo, Lourdes aproximou-se trazendo o alguidar com frutas e pães e duas canecas com chá. Elas agradeceram e Sofia teve uma ideia para dar continuidade à conversa.

– Que fazem no dia a dia?

– Na semana trabalhamos e, aos domingos, vamos à missa. É uma tradição seguirmos juntos ao vilarejo para a celebração. À noite, divertimo-nos em casa.

Vitória reconheceu que não foi nada criativa na resposta. Que haveria de interessante em uma vida que segue de trabalhos e missas? Mas ela estava sendo crítica demais, pois, como responder de outro modo?

– E nesse período de amizade com os outros moradores do vilarejo você tem conhecido pessoas diferentes? – quis saber Sofia.

A florista continuou cortando o diálogo, porque, o que seria "pessoa diferente?" Ali só havia os iguais, os que se conheciam desde o nascimento. Alguém já havia dito isso a Sofia.

– Tenho muitos amigos, vou ao mercado praticamente todos os dias para vender flores e mel; então, vejo-os, mas não são diferentes, podem até se aparentarem diferentes em alguns dias, dependendo da situação. Sabe como são as mudanças de humor... Todavia são os mesmos de sempre.

– Que interessante... Flores e mel. Uni-os para comercializá-los! Há uma forte ligação entre os dois, sendo a abelha o elo. Você é esse inseto voador. Afinal, Deus deve ter nos criado para um objetivo nobre, não somente para desfrute da paisagem. Cada ato do ser desencadeia novos atos. Você faz como a abelha, que fabrica poucos gramas de mel por ano, mas esse pouco, se faltar, fará muita diferença. Uma camponesa abelha, modificando a vida desse lugar, isso é o que você é.

Vitória nunca havia pensado daquele modo! Sofia continuou:

– Como as pessoas devem ser: elos. Entre o Criador e a criatura. Criando pontes para a construção do belo. Do que fomenta a vida.

– Igualmente é você – disse-lhe Vitória. – Uma ponte, pela oportunidade de cruzar mundos tão distantes.

– Gostaria de ajudá-la na venda de seus produtos! Claro, deve ser interessante gritar aos outros: "Deseja uma flor?!"

Ou, quem sabe: "Um favo de mel?". Melhor do que não dizer nada, o silêncio às vezes nos maltrata. Melhor, também, do que dizer: odeio-o. Ou: "Deseja um pouco de meu desprezo, de meu mau humor?" Parece tolice o que falo, mas é sério.

– Quando não nos privam da liberdade, facilmente temos possibilidade de avançar, pois liberdade é algo que conquistamos com muito esforço, não é algo sem significado, sem importância alguma. Falo da liberdade do ser em seus pensamentos, da liberdade de viver aquilo que se quer. Sem esperar do outro uma mudança, mas trazendo em si os favos de mel ou pólen das flores para embelezar o mundo. Cada ser é responsável por sua colmeia e tem dado por Deus a liberdade de construí-la como melhor lhe convém. Nunca me afasto de meus verdadeiros desejos, por mais inocentes que sejam, porque desejo e vontade, quando bem conduzidos, levam-nos ao que de fato queremos. E, se o que queremos for justo, Deus faz sua parte.

– Posso contar uma verdade?

Vitória meneou a cabeça confirmando, o que animou bastante Sofia, pois conquistava a confiança da nova amiga, e esse era o seu objetivo. Então, falou:

– Disputo com o sol quem surge primeiro na varanda. Só para perceberem que não sou uma jovem mimada da cidade grande: rica, preguiçosa e despreocupada com a vida.

– Pois faz muito bem! Preocupo-me com minha atividade diária. Tenho medo dos lobos das florestas, mas o que ele pode fazer comigo a mais do que o lobo que trago em mim? Assim, ignoro o medo e vou ao vilarejo da cidade ou aos sítios vizinhos vender os produtos. Aproveito e permuto um pouco de afeto amigo. Dizem que nas grandes cidades os moradores já perderam esse contato íntimo, com os familiares, amigos e vizinhos. É verdade?

– Sim. Tanto que vim de lá para experimentar um pouco desse lugar bucólico. Cada um preocupa-se com sua própria vida. Ignorando a dor ou alegria do outro. Meu pai preocupa-se com ele mesmo, eu vivo minha vida como desejo, pouco nos encontramos, somos dois estranhos em nosso lar. Isso é família? Claro que não. E quando saio, é somente para cumprir agenda social. De verdade mesmo nem o convívio com os empregados da casa. É uma vida fingida feita de efemeridades.

– É isso que digo, somos criatura estranhas um ao outro vivendo dentro de nosso mundo pequeno, enquanto poderíamos ser todos irmãos.

– Que pensamento lindo! Porém, muito distante da realidade, nunca pensei em ouvi-lo de uma camponesa. Mas é isso que a vida tem me ensinado, a voltar aos instantes das falhas e reelaborar meus conceitos usando ideias simples, com as pessoas que aprenderam com a lida do dia a dia. Chega de conceitos belos, porém vazios.

– Que não enchem o coração. O lobo vive livre na floresta, muitas vezes o vemos solitário, solidão é muito bom quando estamos bem. Como poderia viver o lobo da floresta em comum acordo com o homem? O lobo da floresta reconhece sua ferocidade, mas deixa livre os outros lobos, não se arma para a destruição, não mata além de sua necessidade de sobrevivência. Enquanto o homem lobo tem muito a educar-se.

– O homem se arma para a destruição do próximo. E sempre fala em dominar a humanidade inteira.

– O lobo católico enfrenta o lobo muçulmano na Terra Santa para definir quem de fato é o dono de uma cidade que nem Jesus ou Maomé ali residem. O lobo empresário destrói seus clientes, abusa na cobrança de valores, porque precisa acumular bens que não irá levar ao partir daqui. E a mulher loba exagera em seus decotes, na maquiagem e joias para tornar-se vitrine da futilidade. Perderam os reais valores da vida. Onde está a bondade e a sabedoria? A tolerância entre as religiões e religiosos? O que pretende o homem acumulando tantos bens materiais? Nada levará e o que deixar servirá somente de discórdia entre os herdeiros. Por que cultuar tanto o corpo se somos espírito?

Sofia calou-se, viu nas palavras de Vitória muitas de suas atitudes que precisavam ser refeitas. Vitória, percebendo o instante introspectivo da vienense, voltou ao assunto anteriormente ventilado para tirá-la do ostracismo.

– Então não é rica? Pensei que fosse. Como chegou à casa de Roberto impressionou-me bastante. Sua carruagem era enorme! O seu cocheiro, bem trajado, parecia um servo da realeza! Sem falar de suas vestes...!

– Esqueça-se disso! Papai é rico.

– Então, quer ser uma florista?!

– Não é bem assim. Acompanharei o seu trabalho, conhecerei um pouco mais do vilarejo, das pessoas daqui...

– Pedirei permissão à mamãe para levá-la ao vilarejo. Se consentir, será um prazer.

"Nunca vi moça mais elegante nem sabia que existia uma com tantas qualidades reunidas" – pensou Vitória, enquanto observava cada detalhe da visitante.

"Roberto será feliz se se casar com ela. Ele viveu bastante em meio a essa gente. Ela está mais a altura da estirpe dele. Eu não possuo a *finesse* dessa moça cosmopolita. Sou inferior!"

De repente, foi interrompida por Sofia, que, batendo com o copo sobre a mesa, disse:

– Somos irmãos. Deixa-me contar como nos conhecemos...

Sofia narrou todos os pormenores. A desventura com o futuro marido, a desilusão com a vida, a infeliz decisão do suicídio, o momento em que Roberto apareceu. Teceu uma infinidade de elogios sobre o rapaz, depois, contou-lhe como se tornaram irmãos, e o que intrigava muito Vitória: como combinavam com os mesmos pensamentos e ideais, demonstrando, claramente, que entre eles somente existia uma amizade maior do que os desejos momentâneos.

Vitória aliviou-se com a narrativa, pois viu em Sofia uma amiga em quem poderia confiar. Afeiçoariam uma à outra com facilidade. Por certo também seriam irmãs.

Combinaram de se reencontrarem no dia seguinte para irem ao mercado vender os produtos. No fundo, no fundo, não havia nada de anormal em dividirem as tarefas. Fariam boa companhia uma à outra.

Despediram-se.

Vitória observou-a se afastando; ao pé da porteira, percebeu a coragem dela, pois viajava por lugares distantes, desvendava terras desconhecidas, conquistava amizades diferentes.

Capítulo 10

O SUSTO

Escondido por detrás das árvores, Roberto espreitava para apanhar Sofia de surpresa em seu retorno. Ao aproximar-se, ele surgiria de repente. Do grande susto, ela desmaiaria, pois, certamente, viria caminhando tranquilamente, enquanto Firmino, preocupado com seus afazeres, já teria seguido mais à frente, ao vê-la divagar em segurança na redondeza do sítio. E assim foi feito.

Ao percebê-la quase desfalecer de susto, ele, como se de nada tivesse culpa, correu para segurá-la pela cintura. Não deixou de soltar boa gargalhada, estridente. Ela enfureceu-se ao ver a zombaria. De ódio, para fazê-lo sofrer, fingiu desmaio profundo.

Nunca foi visto alguém tão atarantado, a ponto de largar tudo ao chão, esquecer-se dos cavalos, segurá-la nos braços e, em disparada, levá-la para casa, chamando a atenção dos demais. Carmela, aflita, muito aflita, quis saber por que Sofia desfalecera daquele modo.

– Não há tempo para contar, mãe! Apanhe água... Ajude-me a despertá-la!

A senhora correu à cozinha e retornou com uma jarra d'água e panos molhados; daria de beber e umedeceria o rosto da falsa convalescente. Levada ao quarto pelo irmão, manteve o fingimento. Atriz nenhuma do teatro mambembe italiano da época faria melhor interpretação. Ele deitou-a e acomodou-se à cabeceira do leito.

– Pega, filho! Dá-lhe de beber e deixa-me umedecer o rosto dela para aliviá-la do cansaço!

As providências foram tomadas, e a moça voltou a si em breve tempo, ou melhor, voltou a si de sua encenação quando quis, tranquilizando-os. No entanto, amenizaremos o erro da farsa de Sofia; afinal, Roberto foi displicente; e ela só insistiu na encenação porque ficou constrangida em revelar o fingimento, uma vez que Carmela envolveu-se na brincadeira.

– Estou bem! Apenas me assustei.

Fingiu um pouco mais para garantir que a punição ao irmão fosse bem cruel.

– Quem sabe em toda a minha existência não tenha me assustado tão profundamente, não me recordo se sim!

– Desculpe! Não imaginei que caminhava tão distraída, não se repetirá, prometo!

– Não se desculpe à toa, apenas o castigo pelo susto! Logo mais me levantarei para narrar com riqueza de detalhes a visita a Vitória. Pelo visto, está de partida para a cidade.

– Engana-se. Retorno do vilarejo. Fui comprar objetos da necessidade de mamãe.

Apreensivo, Roberto mudou de assunto.

– Conte-me logo. Como foi?

– Homens apaixonados assemelham-se aos personagens dos contos de ficção, nem parecem reais, ao menos enquanto durar o amor. E, pelo visto, neste lugar, todos sofrem de apreensão demasiada. Não descansarei um pouco?

– Descansará. Assim que me antecipar os fatos, deixá-la-ei repousar à vontade. Direi que a eternidade será graciosa.

– Conta-me o que viu no vilarejo!

A mãe do varão, vendo a intimidade dos dois e o pronto restabelecimento de Sofia, deixou-os a sós.

– Não sei de onde surgiram, mas, forasteiros rondavam o mercado. Observei o medo dos moradores.

– Forasteiros? Como assim?

– Lembra-se dos forasteiros que invadiram as propriedades, casas, comércios, e levaram os pertences que encontraram pelo caminho? Obrigando boa parte dos moradores da zona rural de Viena a se refugiarem nos quartéis e outra a fugir para a cidade?

– Sim, claro, recordo-me! Como poderia esquecer-me? Retornamos com urgência para Viena. Papai contratou mais homens para garantir a nossa segurança.

– Os homens que vi hoje são muito parecidos com aqueles. Só que estão em bando menor; em torno de cinco, no máximo.

– Não será prudente avisar aos moradores do vilarejo do perigo que correm?

– Conversei com o Intendente e alertei-o. Ele solicitará reforços nos povoados vizinhos.

– Devemos partir para um lugar mais seguro?

– Calma! Conheço bons escudeiros que nos protegerão. Nada de alarde! Amanhã mesmo chegarão.

– Preocupo-me com os moradores do vilarejo.

– Se confirmarmos algo errado, alertamo-los.

O olhar de Sofia atravessou a janela e vagou no infinito. Roberto observou a mudança de comportamento da irmã, durante o diálogo. Ela trazia lembranças de um passado distante; talvez nem mesmo ela soubesse de onde vinha a melancolia. A origem da angústia lhe era desconhecida. Próximo dela vivia o pretérito a empunhá-la.

– Conte-me como foi a visita a Vitória!

– Quando você decidiu dar-lhe o cão com o qual lhe presenteei?

– Não me presenteou com ele. Lembra-se? Disse: "Leva para a pessoa que mais ama" – falou, imitando a voz da irmã.

– Mas no dia do encontro ainda não a conhecia nem a amava.

– Engana-se. Conhecia sim, sempre a conheci; é a mulher que sempre surgia em meus sonhos. Até lhe contei quando isso aconteceu em Viena...

Sofia nada pronunciou ao ouvi-lo falar de Vitória. Apenas pensou: "Essa energia vem da alma? Se vem, então, de fato, os homens apaixonados assemelham-se aos personagens de histórias românticas, a meu ver, bem românticas."

Depois ela lhe contou:

– Pois bem! Quando cheguei, recepcionou-me com Fidalgo nos braços. Sim! Esse é o nome do cachorro. Parece ser afeiçoada a ele. Não me aprofundei nos assuntos do seu interesse, poderia ser precipitado. Acertamos, para amanhã, ir ao vilarejo, vender os produtos no mercado.

Roberto exultou. E entre risos e aplausos, saltou sobre a cama, abraçando-a. Carmela entrou no quarto para conferir o que se passava e, ao ver o filho deitado na mesma cama, junto a Sofia, quase desmaiou.

– Ora, mãe, para com isso! Somos irmãos. Esta é a filha que não veio de suas entranhas, mas que faz parte de nossa família.

Carmela saiu resmungando, enquanto o casal gargalhava. Deitados, relembraram o tempo que desfrutaram em Viena.

Capítulo 11

O SONHO

AO ADORMECER, VITÓRIA LIBERTOU-SE do corpo e entrou por espaço desconhecido, diferente dos vistos anteriormente. Olhou para os lados e não viu ninguém conhecido. A luz a impedia de enxergar com nitidez. Em seguida, desceu lentamente.

"Só pode ser um sonho! Mas é tão real!" – impressionou-se.

De repente, uma sensação diferente domou-a. Alguém a tocou nos ombros e ela voltou e deparou-se com Marta convidando-a para uma jornada por uma cidade, que agora podia ser vista.

Não obstante sentir o clima da Toscana, não estava no sítio de sua família nem no vilarejo onde vendia flores e mel, mas eram os ares de sua terra.

Avistou pessoas indo e vindo a certa distância sem notarem a sua presença. Outras, ao passarem, cumprimentavam-na. Ela respondia ao aceno, mesmo desconhecendo-as.

Em silêncio, percorreu as ruas daquela cidade. Diante de algumas casas, parava e fixava o olhar, visando guardar a imagem para depois recordar-se. Maravilhou-se com a situação, com o lugar. Marta sussurrou ao ouvido dela:

– Vitória, esta é a região da Úmbria.[23] É aqui que vive Francisco.

Ao voltar-se, Vitória não encontrou Marta. Um vazio a entristeceu.

"Ela deve ser meu anjo da guarda, pois está presente nos meus sonhos e na minha vida real. Por que deixei escapar a oportunidade de perguntar-lhe mais coisas?" – punia-se por não haver sabido aproveitar a situação.

– Vitória, venha! Francisco vai falar! – convidou-a uma jovem que possuía longos cabelos dourados, pele branca e olhos azuis.

Correram e, juntas, afastaram-se dos muros da cidade. Diante de seus olhos surgiu um bosque de árvores frondosas com estreito córrego. O aroma da mata perfumava o ambiente.

Observou cada detalhe do lugar. As pedras se comunicavam com ela; as aves pousaram em seus ombros. O homem e a natureza viviam ali em harmonia. Nenhum pensamento, que afetasse a serenidade e o equilíbrio, poderia invadir o local.

Sentaram-se sobre uma pedra que oferecia boa visão do bosque e das outras pessoas. Avistou ao longe os mesmos frades que havia encontrado no caminho, entre o vilarejo e o sítio. Francisco não figurava junto a eles; todavia, estava ali a senhora que a trouxera.

– Vitória! – chamou-a Francisco, aproximando-se. – Paz, senhoritas! Hoje o tema de nosso estudo é o amor.

Depois, Vitória observou Francisco distanciando-se, subindo em outra pedra. Os pássaros voaram e pousaram bem próximo a ele. O silêncio se fez. Somente os corações insistiam em palpitar acelerados.

---

23.   A Úmbria é uma região da Itália central, cuja capital é Perugia. **N.A.**

Francisco abriu os braços, e a presença do Cristo foi sentida no cerne de cada ser ali presente. Ele pronunciou:

– Irmãos! Cristo deixou-nos herança imensurável: exemplos de amor em sua maior expressão. Vivenciando--os, demonstrou que também somos capazes de fazê-lo. Seu método de ensino foi por meio da ação. Orientou-nos a fazer o mesmo com os irmãos, e, se assim praticarmos, veremos que os primeiros beneficiados seremos nós, pois todo o bem que proporcionamos ao próximo já faz morada em nosso íntimo, tornando-nos melhores. As energias dos atos praticados por homens e mulheres circundam a atmosfera do planeta há milênios, ao tempo em que nos envolve. Vivemos mergulhados na resposta às nossas atitudes, respirando o hálito dos próprios pensamentos.

Às vezes, homens e mulheres olham os animais, vegetais, minerais, em abundância. Então, pensam que tudo foi criado para seu uso e abuso, o que os leva a envenenarem-se com o desejo da posse, das paixões descontroladas; querendo ter sem nada oferecer. Inconsequentemente, sugam as energias da Terra, depois a abandonam para refazerem-se sem a sua menor participação, pois creem estar isentos de compromissos.

Não somos inimigos da natureza; somos irmãos! Deus está em nós, assim como está nas estrelas, nas águas, na terra, no ar, no fogo, na madeira, no metal. Somos um conjunto mergulhado na Essência Divina. Um só: Deus – Nós – Natureza; mantendo, cada um, sua individualidade.

Devemos promover a união, sem nos afastar do Deus que nos criou, do seio que nos deu a vida e continua ofertando-nos mais. Temos de olhar, para cada ser do universo, conscientes de que ele faz parte de nós. Nada está apartado. Estamos unidos pela energia que se chama AMOR.

O ontem, o hoje e o amanhã formam a história do ser. Pensar Deus é pensar vida. Pensar vida é pensar amor. Existe amor na alegria, mas também existe amor na dor que ainda não se fez contentamento, mas se fará. Existe amor na felicidade, mas também existe amor na angústia, na solidão, na tristeza, pois ainda não se fizeram ventura. Mas se farão.

Tudo é amor. Tudo vibra no amor. Tudo expande por meio do amor. O amor multiplica-se, divide-se, soma-se, mas nunca diminui. Se diminuir, não será amor, pois a ilusão caminha ao lado, quando não sabemos distinguir um de outro.

O amor transforma, renova, reverbera. Nunca se acaba, pois não teve início nem terá fim. É percebido, pano de fundo da vida.

O abraço amigo, o aperto de mão fraterno, o olhar sereno, a vontade de praticar o bem, a palavra consoladora, a compreensão, fazem de nós aprendizes do amor.

Levemo-lo e plantemo-lo no coração do próximo.

Reconhecê-lo-emos no outro, e assim, transformaremos o mundo, fazendo dele um lugar melhor, onde todos construam a vida exemplificada por Jesus.

Devemos amar o próximo, só assim contribuiremos com a vontade do Sempiterno e tornar-nos-emos cocriadores das muitas moradas que existem em Sua casa. Ele é o arquiteto que direciona as ações. Nós somos os construtores; o amor é a base, a essência pura da obra que transforma e reconstrói. Quando não se ama, não se tem vida, pois, mesmo respirando, estaremos mortos. O apóstolo Paulo alertou-nos: "Desperta, ó tu que dormes!" E esse despertar é AMAR, para construir.

O silêncio se fez novamente. Ela observou Francisco cheio de vigor. Estava muito diferente do dia em que o avistou entre as árvores, caminhando com o grupo de amigos na floresta. Nunca ouvira falar do amor daquele modo, como se o sentir fosse um dever e ao mesmo tempo gratidão.

Francisco finalizou. A imagem se desfez. Marta, agora ao seu lado, chamou-a.

– Veja! Esta é a Igrejinha de São Damião. Quando estiver em grande dificuldade e pensar que já não existem motivos para viver, venha até aqui. Este será seu lar!

– Por que em uma igreja?

– Hoje é uma igreja; em breve será um lugar diferente, no qual, jovens como você habitarão.

Olhando para aquela estrutura, ela guardou na memória cada detalhe da fachada, queria ter a certeza de que a reconheceria, caso fosse preciso. Voltou-se e se viu novamente sozinha. A mesma luz do início do sonho envolveu-a, fazendo-a flutuar. Momentos depois, despertou e ouviu dentro de si a voz de Marta:

– Cristo trouxe consigo uma falange de espíritos amigos que fazem parte da equipe trabalhadora na reconstrução do Orbe, com vistas a transformá-lo em morada feliz da Casa do Pai. Entre eles, figuram Francisco e Clara. Hoje, ambos da cidade de Assis. Eles possuem a missão de retornar em nova veste carnal para semear a Boa-Nova que, não obstante ter sofrido mutilações na interpretação, mantém a essência moral intocável. Os missionários de Assis realizam em si a transformação espiritual desejada por muitos. Praticam o bem com toda pureza, vivem em pobreza e retiram do âmago as ambições desmedidas, para deixar a própria existência como exemplo à humanidade. Somente tempos depois o homem sentirá a necessidade de reformar os pensamentos, pois a semente plantada pelo Messias e regada pelos seareiros da Úmbria terá seus frutos colhidos nos séculos vindouros.

"O encontro com Francisco, durante o sono, sentado na pedra em meio ao Bosque do Amor, assim chamado por todos os irmãos franciscanos pela beleza que transcende à percepção humana, não fora em vão, porque você é menina que se faz moça no corpo de uma camponesa e que luta constantemente para manter puro o coração. O momento vivido junto a Clara, a moça de cabelos dourados, marcou sua consciência e modificou suas energias para perceber a vida de outro modo. De hoje em diante, não será apenas viver por viver; sentirá o mundo com as forças de sua alma e absorverá o que há de bom no seu entorno, para transformar as experiências em oportunidades que serão vivenciadas no íntimo e refletidas no próximo.

"Como reação em cadeia, todos os que fazem parte de seu grupo evolutivo vibram no mesmo nível de energias mentais e produzem outras energias. Essa união de forças possibilita que pensamentos sejam plasmados, definindo o mundo que os rodeia, como uma teia que a todos ligam. São criadores de seu próprio universo. Os seres que participam de sua existência atual, na região da Toscana, e outros que estão nas diferentes moradas da Casa do Pai, ali ou acolá, estão interligados pela força do querer e fazem parte de um projeto superior que modifica a vida continuamente. Dependendo dos atos, palavras e pensamentos todos deixarão o lugar em que habitam melhor. Essas mudanças são os fios da teia que a todos ligam, e que seguem rumo ao interior de cada um. Isso acontece também com todos os moradores do planeta e com seus vínculos espirituais.

"Francisco tem no amor o sentido do viver, e Clara tem no viver o sentido do amor. Comungam os mesmos ideais; por isso o reencontro neste momento. A emoção que sente quando os encontra, seja no plano terrestre, seja no espiritual, é justamente o despertar para os compromissos assumidos anteriormente. Quando entramos em nova existência, é necessário que, nos primeiros anos, estagiemos nas paisagens que são próprias do mundo que nos recebe, para, somente depois, percebermos os verdadeiros caminhos que deveremos seguir para cumprir a nossa tarefa. Para todos chega o momento de despertar para os verdadeiros rumos a serem seguidos. Não raras vezes, nos distanciamos das metas e seguimos por outros caminhos. Com isso, perdemos a oportunidade de cumprir com o dever e, consequentemente, de evoluir. Siga a sua jornada com serenidade. Em breve, viverá novas experiências. Outra direção buscará para alcançar os propósitos almejados."

Marta afastou-se, e Vitória voltou a sentir as sensações do plano físico. Sentou-se na cama. Era cedo e não soube por quanto tempo permaneceu estática nem de onde vieram os pensamentos, se foram seus ou de outra pessoa.

Lembrou-se de, em algum momento do sonho, ouvir alguém pronunciar o nome "Clara". Se não o pronunciou, onde o ouviu?

Capítulo 12

NOVAMENTE OS FORASTEIROS

ENQUANTO ISSO, NO VILAREJO, insegurança seria a melhor palavra para definir a feira; impotência, a que identificaria o sentimento dos vendedores e moradores. O lugar, que era para trabalho e diversão, tornou-se espaço de disputas; o que seria para alegria de todos, passou a ser privilégio de poucos.

Uma simbiose entre Plano Terrestre e Plano Astral, como mundos independentes; contudo é incessante a correlação entre eles, pois um sobre o outro incessantemente reage,[24] ideia revelada por Jesus quando afirmou: "Há muitas moradas na casa de meu Pai". O visto nessas cenas da invasão dos forasteiros é a continuidade da vida em espaço único, porém compartilhado por muitos. Espíritos desencarnados guiando espíritos encarnados e vice-versa. Edificações humanas construídas tendo origens nas edificações astrais sutis. Simbiose também de pensamento, seres de diferentes mundos unidos pelos desejos e vontades emanados do íntimo dos envolvidos na trama.

---
24. *O Livro dos Espíritos*, questão 86. FEB, 4ª Edição, 2ª impressão, 11/2014. **N.A.**

Esther, sozinha, pois era mais um dia em que Vitória limitava suas andanças, seguia em sua rotina diária, vendia os legumes, separando-os e classificando-os por sabor e qualidade, para facilitar na negociação. Até o sol estava ameno, pela mudança de estação; e os meninos, donos reais da alegria, divertiam-se ao pé do coreto. Decerto, perguntavam-se: por onde anda a garota das flores? Vitória também se perguntaria o mesmo, se ela fosse um deles.

Então, sem os modos adequados para o lugar, sem considerar os limites mínimos para o estabelecimento de uma boa convivência, ameaçando somente com a presença, os forasteiros apareceram, desapearam dos cavalos e caminharam pela feira, abordando os ambulantes. Um deles aproximou-se de Esther. Queria saber dos modos de vida do lugar.

Os forasteiros eram a reencarnação de antigos bárbaros que viveram na região da Gália à época de Júlio César, depois estiveram reencarnados novamente como soldados romanos, servidores de Tibério César.[25] Agora, ali, após doze séculos habitando regiões de tormentas, retornaram e, fugindo dos reais objetivos a serem desenvolvidos na Terra, assumiam o papel de forasteiros da era medieval. Um grupo unido pelo sentimento de discórdia, ódio e ambição.

Ela observou o bando espalhado pelo mercado. Um deles, segurando o chapéu em uma das mãos, com cestos envoltos ao braço, fazendo tilintar as esporas e enfeites das calças, disse-lhe algo que seria próximo da ousadia e não muito distante da arrogância. Os vendedores, por detrás das barracas, miravam-nos de perto; enquanto outros, ao longe, planejavam a fuga.

---

25. Segundo imperador de romano, de 14 a 37 d.C., Jesus Cristo foi crucificado durante o seu império. **N.A.**

De um lado eles, os forasteiros, de outro, os oprimidos, moradores do vilarejo.

O Intendente, agora, talvez um pouco mais preocupado com a sequência de acontecimentos suspeitos, também se aproximou do local, mas não ousou interrogá-los. Acreditava desnecessária tal atitude.

Um dos forasteiros aproximou-se ainda mais de Esther; ela, trêmula, disfarçava a insegurança. Criaram entre si um clima de batalha, de disputa. Ele pegou algumas verduras, depois outras e mais outras, colocou-as no cesto sem perguntar o valor, o que intrigou ainda mais Esther.

– Quanto deseja desses produtos que guarda no cesto? Posso ajudá-lo?

– Veja os itens que seleciono. Ao final da compra, informe-me o valor que os pagarei! Concorda?

Algo de brando havia na voz dele, talvez a firmeza; enquanto o pulso forte e o olhar firme a tranquilizaram. Parecia ser uma pessoa sincera sem intenção de ludibriá-la. Na dúvida, Esther permitiu que ele escolhesse as verduras pondo fé em possível amizade.

– Permita-me um questionamento?! Onde encontro animais à venda? Quero investir na compra de alguns.

– Se perguntar aos moradores da cidade vizinha, obterá a informação desejada; quanto a mim, entendo somente de legumes – Esther explanou com voz sumida.

– Ensinar-me-ia a cultivá-los tão sadios assim? Esse deve ser um negócio lucrativo!

– Qualquer pessoa sabe cultivar verduras. Basta ter as sementes, escolher boa terra, irrigar e esperar o tempo certo para a colheita.

– Parece fácil! Cultiva-os com tanta sabedoria! Sou totalmente leigo no assunto, poderia me ajudar.

– Falta-me tempo! Lamento, não o ajudarei!

– E as orações na capela do vilarejo, poderei participar? Quero aprender a caminhar para Deus.

– Esse o senhor poderá aprender com o vigário local. Nossas missas não são costumeiras, falta-nos um prelado local.

Uma centelha de luz acendia ali, na vida dos forasteiros.

O homem afastou-se, mas, à distância, fitava-a.

Ela não insistiu na dúvida. Recolheu os produtos discretamente para não chamar a atenção. Disfarçadamente pretendia retornar para casa. Outros vendedores agiam de mesmo modo. Os forasteiros deram continuidade à inspeção, circulando entre as tendas do mercado, escolhendo mercadorias. Espalhando mais horror.

– Os estrangeiros estão proibidos de morar neste vilarejo? Por certo é uma lei local desconhecida nos outros lugares.

Esther assustou-se com a voz surgida por trás, a ponto de deixar cair parte dos legumes de suas mãos. Reencarnado atualmente no personagem de forasteiro esse homem mantém-se acorrentado a ódio do passado.

– Desculpe! Distraía-me nos afazeres. O que disse?

Era o mesmo rapaz que seguia os passos de Vitória.

– Perguntei se imigrantes podem viver neste vilarejo. Aqui não se vende terra, gado, ovelha... não para nós! Parece que tudo é somente para os daqui. Outros não podem fazer morada neste lugar. Engano-me?

– Não sei informar!

– Se me permitir, escolherei as verduras antes que as guarde por completo! Não a prejudicarei. Sou um cliente como outro qualquer. Continuarei comprando?

– Sim, claro! Não iria mesmo para casa neste instante. Não é natural interromper o trabalho no meio da manhã. Coisas assim acontecem para demonstrar a insegurança diante de certas situações. É fácil perceber isso, quando se quer.

Foram frases indiretas ditas de chofre por Esther, mas a indiferença do comprador a fez parar de guardar as mercadorias. Ele separava o que era de seu agrado.

– Viemos do Norte. Procuramos pouso certo. Isso é natural que aconteça. Não aparecem outros visitantes por aqui?

– Sim, bastante! Geralmente acompanhados por esposas e filhos.

– Formamos uma família. Somos cinco irmãos órfãos de pais. Buscamos novas oportunidades. Paramos neste lugar porque a tranquilidade e a fartura que a natureza oferece aqui são grandes. Então, decidimos ficar.

– Decidiram ficar? Encontraram terra à venda? Algo em que investir?

– Negociamos com alguns moradores. Em breve, definiremos nossa estada.

– Eles, em sua maioria, não são donos das terras. São arrendatários. Depois, vocês não são casados.

– Gostamos de trabalhar. Talvez encontremos aqui as mulheres certas para casar. Se se fizerem mais flexíveis, mostraremos quem realmente somos!

– Não os impedimos de realizar o que desejam. Não entendo como poderemos ser mais flexíveis.

– Vendendo-nos um pedaço de terra.

– E depois? O que mais desejarão?

A resposta que desse causaria espanto, pois ele sabia o que a vendedora esperava ouvir ao fazer aquela pergunta. Por sua vez, Esther surpreendeu-se com sua coragem.

– Somente! Quanto custa? – finalizou o forasteiro.

A desfaçatez do homem perturbou-a por alguns instantes. Procurou palavras para continuar a conversa, com vistas a colher mais informações, mas ele se manteve imóvel. Ela, então, apressou-se na contagem dos produtos e na soma dos valores, informando-lhe a quantia que tinha a pagar.

Ele efetuou o pagamento e distanciou-se; não obstante, retornou, parando novamente em frente à vendedora, que, desconfiada, paralisou.

– Conhece a moça do sítio próximo ao rio?

– Aqui todos se conhecem. E são muitas as moças que moram nas proximidades do rio.

– Refiro-me a Vitória, a moça que guarda em sua tenda flores e mel, enquanto circula pela feira.

"Como esse forasteiro sabe da vida de Vitória?" – raciocinava Esther, pensando no que deveria responder. – "Decerto, segue-a! Em hipótese alguma darei qualquer informação a mais sobre ela, principalmente a este sujeito" – refletiu, antes de falar, gaguejando:

– Não sei de quem fala... Posso ajudá-lo em algo mais?

Essas últimas palavras juntaram-se à expressão de descontentamento, obrigando-o a retirar-se.

– É só, por hoje. Adeus! Obrigado pelas verduras!

Antes que todos partissem da feira, ela desmontou a tenda. Foi quando notou que praticamente todos os ambulantes já haviam feito o mesmo. Apenas alguns preferiram ficar para conferir o desfecho da situação. Novamente os cavalos levantaram poeira em sinal de partida. Ela observou-os, ao tempo em que se questionava sobre as verdadeiras intenções deles. Por instantes, teve a impressão de que eram boas pessoas, velhos conhecidos.

"Não estão sendo sinceros ao afirmar que gostariam de viver em nosso vilarejo?" – questionou-se.

O momento de reflexão foi interrompido pelo Intendente, que a trouxe de volta ao mundo real, solicitando-lhe a narração da conversa que tivera com os dois homens. O que fez prontamente, mas omitiu as perguntas do último sobre Vitória. Preferia contar para ela primeiramente para que ela mesma tomasse a decisão que achasse melhor.

No dia seguinte, Esther chegou ao sítio pelo lado oposto ao que Vitória colhia as flores. Quando a florista se virou, deparou-se com a amiga. A anfitriã facilitou a entrada dela, abrindo o portão. Seguiram à varanda.

– Conte-me! O que a traz aqui sem aviso prévio? Causei tantas saudades nesses poucos dias de ausência do trabalho que a fiz vir à minha procura?

– Não sabe a saudade que nos causa quando deixa de ir ao mercado. Sem falar da gritaria estridente da criançada que se junta a você para anunciar os produtos.

– Faço tudo isso? Nem percebo!

– É muito gostosa a algazarra que promove. Distrai-nos e tira a monotonia da feira.

– Então continuarei com as estripulias, pois tenho a sua aprovação e a dos demais. Lamento por ter faltado esses dias! A princípio, foi o retorno de Roberto. Por muito tempo esteve fora e, ao regressar, visitou-nos. Sentimo-nos na obrigação de retribuir a gentileza. Contudo, não foi obrigação nenhuma.

– Imagino como Carmela deva estar!

– Não queira nem saber! Praticamente toda a família foi desejar boas-vindas ao rapaz, inclusive Sofia, uma amiga de Viena.

– De tão longe?!

– Sim!

Esther forçava a conversa. Vitória percebeu que não era daquele assunto que ela queria conversar. Então, inquiriu-a:

– Somente a saudade moveu-a de tão distante?

– A saudade e outro assunto muito importante que aconteceu ontem. Achei tão grave que não quis me demorar em vir.

Sentado em um batente por detrás da parede lateral da varanda, Ambrósio ouvia a conversa.

– E do que se trata? Vai, conte logo! – falou Vitória, se esforçando para transparecer tranquilidade, mas o nervosismo a torturava.

Esther, percebendo a agitação dela, temeu em dar-lhe a notícia, porque deixá-la-ia ainda mais angustiada. Pensou em omitir, inventar outra história e sair dali deixando-a tranquila como quando de sua chegada. Mesmo assim decidiu falar.

– Talvez fique com medo, mas necessito contar algo que coloca em risco a sua segurança.

– Fala logo, amiga! Sinto o coração sair pela boca de tanta aflição.

– Ontem, quando arrumava a banca de verduras, aproximou-se um dos forasteiros que invadiu a cidade. Ele abordou-me com conversas maliciosas. Queria saber como se planta legumes e se obtenho lucro na venda, coisas que qualquer um sabe sem ser preciso ter aulas comigo.

– Fez alguma ameaça?!

– Não!

Esther manteve a calma para narrar os fatos conforme aconteceram, sem omitir nem aumentar trechos.

– Depois da saída do forasteiro, guardei as verduras, pois preferi perder tudo, caso viessem a apodrecer, a colocar a vida em risco com a presença daqueles homens.

– Agiu bem! Lamento por eu e Ambrósio não estarmos lá para ajudá-la nessa hora de sufoco!

– Graças a Deus não estava lá! Porque, logo após a saída do primeiro homem, outro se aproximou e, mesmo vendo que eu recolhia as mercadorias, pediu-me que parasse, pois pretendia escolher algumas. Ora, se os dois andavam juntos, por que precisariam comprar os mesmos produtos duas vezes?!

Vitória deu de ombros.

– Pois bem! – continuou ela. – Enquanto ele escolhia as verduras, questionou-me sobre o comportamento dos moradores. Depois quis saber sobre a sua pessoa; falou coisas que deu a entender que a espionava! Achei muito duvidosa a atitude dele. Então vim depressa alertá-la!

– Fez bem. Terei mais cuidado! Mesmo com Ambrósio acompanhando-me, devo redobrar a atenção. Confio muito em meu amigo, mas eles estão em número maior.

– Seria melhor ficar em casa por um tempo. Só até tudo isso passar. Quando perceberem que nada conseguirão por aqui, partirão.

– Prometi a Sofia que amanhã iríamos ao vilarejo vender flores e mel. Ela deseja muito conhecer meu trabalho e outras pessoas.

– Para isso dá-se um jeito. Façamos o seguinte: combinarei com outras vendedoras uma nova visita para amanhã. Quando Sofia chegar aqui nos encontrará, assim esquecerá a promessa que fez.

– Dará certo, mas, e se ela insistir em ir outro dia?

– Ganhe tempo! Fale da espera por mais flores desabrocharem, da necessidade de certo tempo sem ir ao mercado.

– No entanto, preciso vender os produtos!

– É por uma questão de segurança. Por que não conta ao seu pai os acontecimentos e pede a opinião dele?

– Tenho esperança em que os atropelos passem em breve, não sendo necessário alarmar a família!

– Que seja assim! Amanhã estaremos aqui neste mesmo horário para conhecer sua amiga.

– Certo! Esperarei ansiosa. Só assim receberei a visita das amigas do vilarejo.

A ideia fez despertar novos sentimentos e alegrias no íntimo de Vitória. .

– Será muito agradável. Agora devo ir.

Esther partiu, deixando-a aflita sobre suas andanças solitárias por aqueles campos desertos. Mirou-a até sumir na estrada. Ao virar-se, deparou-se com Ambrósio parado em meio à varanda. A expressão dele revelava que escutara a conversa.

– Então, amigo? O que faremos?

Sentou-se no batente, sendo acompanhada por ele. Admiraram a montanha gigante que formava o imenso paredão diante dos olhos deles.

Capítulo 13

EMBOSCADA

ÀQUELA ÉPOCA, PESSOAS QUE não possuíam terras – pois eram de propriedade da Igreja ou dos senhores feudais – tinham, como opção, comprar alguma gleba, fato inusitado, visto que ninguém se desfazia facilmente das suas posses. Ou herdar a propriedade de algum familiar. Isso quando o falecido não a deixava para a Igreja, na esperança de, com essa boa ação, ganhar o paraíso na vida eterna. Restava-lhes ainda a opção de arrendá-las daqueles senhores que as possuíam em grande quantidade, e, por último, roubar as terras, nem que para isso tivessem que, às vezes, assassinar os legítimos proprietários.

Os forasteiros vinham de outros lugares, mas, como desconheciam o modo de vida das pessoas do vilarejo pretendido para a invasão, enviavam pequeno grupo à frente para certificar-se da possibilidade do roubo. Assim, evitavam ostensiva represália quando da chegada. Durante a averiguação, o grupo que chegava primeiro escolhia suas mulheres, antes dos demais. Circulava por alguns dias entre os moradores e colhia informações necessárias para levá-las aos seus superiores; depois, de surpresa, invadiam o lugar e rendiam a todos, matando e saqueando a comunidade, ricos comerciantes e fazendeiros. Eram como piratas, que, em vez de agir em alto-mar, praticavam seus crimes em terra firme.

Nas comunidades, havia os bravos que combatiam os forasteiros. Roberto era profundo conhecedor da conduta deles. Em suas andanças encontrava-os constantemente, pois deixavam sinais de sua crueldade pelo caminho que percorriam, facilitando sua identificação. Ele observou-os rondando o vilarejo e as propriedades do entorno. Percebeu neles a sordidez na arte de surrupiar o alheio.

Imediatamente, avisou o Intendente e solicitou a vinda dos melhores lanceiros e esgrimistas do local. Se necessário, que buscasse mais em cidades vizinhas; que solicitasse aos senhores dos feudos o envio de guarda particular. Reuniria os guerreiros, visando garantir a paz. Talvez não fosse tão urgente. Somente cinco rondavam os moradores, mas poderia haver outros forasteiros ocultos.

Roberto era um guerreiro experiente, praticava a esgrima como verdadeiro fidalgo e nunca perdera uma batalha. Ali, apenas Sofia era conhecedora de suas habilidades, pois ele lutara contra o bando que invadira Viena. Por pouco não fora condecorado pelos nobres da região. Esse foi um dos fatos que o fez conquistar o coração de quem o conheceu na cidade cosmopolita.

Foi na mesma cidade que se aperfeiçoou com bons esgrimistas, nas vezes em que tivera a oportunidade de encontrá-los em companhia do pai de Sofia. O que nunca revelara a ninguém era que não desejava receber honrarias, justamente para evitar ser convocado às guerras promovidas pela Igreja.

Eram momentos delicados. Todos os bons guerreiros haviam sido chamados pelo Clero para seguir à Guerra Santa.

Ele tentava escapar a essa ideia, reconhecia seu potencial, que lutaria e traria grandes riquezas, fruto dos saques às cidades conquistadas, mas preferia seguir na caminhada de homem comum, não aceitando a sedução da vaidade e da riqueza. A intuição recordava-o de que era preciso encontrar primeiro a pessoa amada, para depois, quem sabe, mudar de ideia; afinal, a maioria dos que iam à guerra voltava com fortunas fabulosas.

Agora, ao lado da família, via-se ameaçado por tipos iguais àqueles usurpadores. Não pensou duas vezes quando o Intendente confirmou que em torno de quarenta homens da comunidade, armados, agiriam a qualquer momento. Pediu que eles viessem imediatamente à sua propriedade, em segredo, para não espantar os forasteiros.

No início daquela mesma manhã, Sofia seguiu sozinha ao sítio de Vitória.

Desconfiado, Roberto era avisado por seus sentidos:

"Sofia corre perigo. Uma vez que nossos guerreiros estão aqui, vamos segui-la sem que nos perceba. Os forasteiros atacarão a qualquer momento. Quando o fato ocorrer, estaremos prontos para prendê-los e proteger Sofia."

Na ida, nada de anormal aconteceu. Tudo tranquilo!

Quando chegaram próximo ao sítio de Rafael avistaram as amigas de Vitória chegando.

No sítio, Rafael assustou-se com a caravana.

– Nos últimos dias, deparo-me facilmente com pessoas junto à minha porta. Seria uma mudança de comportamento em nossa comunidade que só agora percebo?

Esther, à frente do grupo, deu início às apresentações. Lourdes apareceu para conferir a cena. Sem darem conta, sentaram-se debaixo das árvores, conversaram e sorriram de si mesmas. Os demais moradores da casa seguiram o ritmo natural dos fatos. Rafael ainda quis ensimesmar com a vinda de tanta gente, mas Ambrósio, perspicaz, tirou da mente dele as ideias que o afligiam. Assim, foi à lavoura, deixando-as nas conversas triviais.

Logo após, surgiu Sofia, justificando a demora. Com isso, Ambrósio aproximou-se da turma para ouvir as novidades trazidas pelas moças. Vitória não se incomodava com a presença dele, mesmo sabendo que, constantemente, espreitava--a por detrás das portas e paredes para ouvir suas conversas, fosse com quem fosse. Ao contrário, sentia-se bem.

O entretenimento durou horas. Alimentaram-se das frutas, doces e bebidas que trouxeram e das que Lourdes servia.

Já era quase noite quando as convidadas partiram; Sofia, que viera sozinha, pediu a companhia de Ambrósio para o retorno. Ele não se fez de rogado e, gentilmente, ajudou-a a montar e partir. Ele a seguiria, a distância, em seu cavalo.

Durante esse tempo, Roberto e os guerreiros ficaram de guarda, mas novamente nenhum fato suspeito aconteceu. Com o retorno de Sofia, eles a seguiram novamente.

Na imaginação do Intendente, algo aconteceria. Os forasteiros foram vistos por diversas vezes seguindo as mulheres da região. Certamente planejavam alguma emboscada. Haveriam de perder a pose de mocinhos e revelar a verdadeira identidade.

Sem perceber o que se passava ao redor, a moça seguia tranquilamente, conversando com o amigo. Atravessaram grande área repleta de árvores e com mata fechada, até alcançar enorme descampado próximo ao rio, usado pelos camponeses para piqueniques.

Ao chegar, depararam um grupo de trinta cavaleiros, todos vestidos iguais àqueles que haviam sido vistos no vilarejo. O susto de Sofia foi tão grande que desmaiou sobre o cavalo.

Uma lança voou e alcançou o braço de Ambrósio, levando-o ao chão. O animal, que ele montava, saiu em disparada.

Ao perceberem a gravidade da situação, os guerreiros surgiram de dentro da mata, de forma repentina, tomando de surpresa os forasteiros, que não esperavam por aquela emboscada.

A luta foi travada no meio da mata. Os guerreiros do vilarejo em maior quantidade, mas com menor experiência, lutaram com todas as forças para que nenhum dos forasteiros escapasse, como haviam sido orientados.

Depois de instruir seus homens a conduzir Sofia, ainda desacordada, para lugar seguro, Roberto sacou a espada e junto com os guerreiros rendeu quase todo o bando inimigo. Sua habilidade com as armas impressionava.

Vendo-se derrotados, com a maioria dos homens feridos e outros imobilizados, os forasteiros se renderam para evitar massacre maior. Foram amarrados e postos nos lombos dos cavalos, depois de serem medicados por um dos moradores do vilarejo que possuía conhecimentos de medicina.

Roberto procurou por Sofia, que nesse momento despertava do desmaio e rezava pela vida do irmão. Ele a abraçou com carinho. Seguiram viagem montados no mesmo cavalo. Ela o envolveu por trás e ele a segurou pelas mãos. Desejava retê-la bem próximo a si, para mantê-la em segurança. Galopava repetindo em voz alta para ser ouvido:

– Segura em mim, bem forte! De mim jamais se apartará.

Sofia se agarrou a ele fortemente e disse-lhe:

– E quanto a mim, nunca mais o deixarei voar para longe, meu pássaro amado!

Celebrou-se o amor entre aquelas almas, confirmando que eram irmãos.

Capítulo 14

COMEMORAÇÃO DA VITÓRIA

SE FOSSE UMA VISÃO moderna da cena, contaria sobre serpentinas e confetes que sobrevoariam o local da feira, que veria a banda de música com seus saxofones, pífanos, tambores, gaitas, extraindo acordes para alegrar os moradores do vilarejo; crianças nuas até a cintura dançariam e gritariam, enquanto rapazes e moças ririam, e idosos conversariam cautelosamente no adro da igreja. Da direita surgiria um desfile de carros alegóricos, com enormes imagens representando os heróis da batalha, e da esquerda se formaria a plateia para aplaudi-los. Diria mais: na praça central, monumentos seriam erguidos, ruas nomeadas, casas e prédios públicos dedicados a eles. Tudo isso para comemorar a vitória.

Essa descrição revelava claramente os sentimentos dos moradores, uma vez que o mais importante era a energia que movia o lugar naquele instante. E o silêncio narra fatos, e as poucas palavras bem conduzidas explicam o que o muito não sabe afirmar.

Então, verdadeiramente, os moradores apenas se reuniram no mesmo espaço onde a feira acontecia, para festejar o fim dos dias de terror. Feudo, burguesia, clero, leigos mistura-ram-se em um só lugar.

O personagem principal, cuja destreza, habilidade e segu-rança no combate garantiram o êxito da emboscada, foi Ro-berto. Foram unânimes sobre as qualidades dele, afirmando não haver outro igual, sequer parecido. Os comandados fa-ziam dele um herói. Nunca haviam observado tanta capaci-dade de organização e liderança em uma só pessoa. Em todos os cantos do vilarejo e arredores, os comentários ventilavam:

– É ele o responsável pela vitória contra os forasteiros. In-crível como percebeu no primeiro contato com os invasores que eles eram uma ameaça à nossa paz. E mais ágil e segu-ra foi a maneira como conduziu a situação. Imediatamente, buscou as coordenadas corretas e garantiu a prisão de todos, sem vítima fatal, de ambos os lados! – relatava o Intendente ao bispo da região.

– Como esse rapaz conseguiu tamanha façanha, se vive me-tido nesse vilarejo praticamente esquecido por todos?! – inter-rogou o bispo, sem fazer questão de amenizar a força das pa-lavras, pois, em razão do teor, poderia ofender aos presentes.

– Caso não saiba, senhor bispo, o varão sempre viveu em contato com a mais alta nobreza, desde a de nossa região até a dos países vizinhos. Por onde passa, adquire conhecimentos sobre a cultura dos lugares, enriquecendo-se de informações que, para muitos, são desconhecidas e sem importância.

Nesse momento, os olhos do bispo brilharam peculiar-mente, como sempre acontecia quando ambicionava algo va-lioso. O prelado precisava, de tempos em tempos, dar respos-ta positiva ao papa a respeito dos serviços prestados à Igreja, para assegurar-se no posto ocupado e, sobretudo, manter a Guerra Santa, que já vinha sendo travada havia décadas. En-tão imaginou:

"Angariarei recursos, atrairei novos adeptos à causa e convencerei o pontífice a seguir rumo a Jerusalém. Porém, essa empreitada somente é possível se houver um líder à altura de sua execução. Isso também agradará muito ao cardeal Pelágio.

O bispo encontrou em Roberto a oportunidade de cativar o papa. O guerreiro possuía as habilidades necessárias para formar um novo exército, composto por jovens da região, e levá-lo ao conflito. A situação era demasiada favorável. A recente conquista do rapaz sobre os usurpadores da ordem pública fizera dele um herói. O bispo, então, voltou a imaginar:

"Se tudo correr conforme planejo, garantirei para mim o posto de bispo por mais tempo; e para os meus protegidos a continuidade das riquezas. Evitarei, ainda, uma intervenção de Roma nos meus negócios e, ao contrário do que vem acontecendo, quiçá consiga recursos para formação desse novo exército!"

As mãos enroscavam-se, enquanto mantinha o riso malicioso. Com isso, pediu ao Intendente que lhe fosse apresentado o rapaz.

– Desejo conhecê-lo e fazer-lhe uma proposta que julgo irrecusável.

– Sim, claro! O rapaz merece de nossa parte todas as honras! Não podemos esquecer que, graças a ele, a nossa comunidade está em paz.

Depois de procurarem-no por diversos lugares, encontraram-no conversando amistosamente com Vitória, Sofia e Esther, em um dos recantos do mercado, o mesmo no qual se acostumaram a serenar os pensamentos.

– Permita-nos, formosas damas, roubar o nobre cavalheiro por alguns instantes?!

O Intendente, gentilmente, para não as impressionar mal e

não atrapalhar a conversa que travavam desde cedo, quando ali chegaram, sorriu e tocou Roberto nos ombros.

– Não nos incomodará em nada. Acostumamo-nos a ter Roberto cortejado por todos; afinal, é merecido, arriscou a própria vida para garantir a nossa segurança – argumentou Sofia.

– Depois, se não me engano, um herói deve ser dividido por todos, não em pedaços, mas em provas de gratidão por sua bravura – acrescentou Esther.

Logo após, Vitória falou, deixando escapar junto à voz sentimentos que tocaram de modo especial a todos.

– Só não desejo que o roubem por muito tempo nem que o tirem de nosso convívio para sempre. Já o tivemos longe demasiadamente. Nada mais justo que agora fique conosco – falou a jovem.

Percebendo que fora um pouco dura, amenizou as palavras:

– Quero dizer, em nossa comunidade.

Desarmado diante do imposto, o bispo preferiu mudar de estratégia. Não seria conveniente abordar assuntos voltados inteiramente às questões religiosas e políticas diante deles. Também, a proposta de guerra o tiraria do convívio de todos por longo período, o que não desejavam ver acontecer.

– O rapaz tornou-se um herói! – iniciou o bispo, mesmo antes de serem formalmente apresentados.

Como sempre se introduzia nas reuniões públicas caracterizado com roupas e adereços próprios da profissão, não era difícil reconhecê-lo como a autoridade máxima do lugar.

– O que lhe é bem merecido! Como as donzelas afirmaram, é sem dúvida alguma um varão especial! Arrisco dizer que foi enviado por Deus. Sim, para lutar com tanta bravura, arriscando a própria vida para que hoje, aqui, celebrássemos a vitória do Criador sobre o domínio do mal que assola a Terra há anos, só sendo escolhido do Soberano.

Emocionado com as palavras do prelado, Roberto tentava conter a alegria. Intimamente, reconhecia que todos aqueles anos, dedicados ao saber e ao aprimoramento das habilidades, haviam sido de grande valia para o êxito da estratégia usada contra os forasteiros. O conhecimento adquirido em suas andanças por outras plagas havia lhe proporcionado a capacidade de solucionar os problemas que subjugavam a região.

– Senhor bispo, não mereço demasiados elogios! Garanto-lhe que, não fosse a união de todos, a batalha teria sido perdida.

– Para confirmar a superioridade à qual me reportei há pouco, agora ele demonstra modéstia e humildade, características dos homens honrados. Virtudes difíceis de serem encontradas nos dias de hoje! Uma raridade! – falou o religioso, vislumbrando a solução de seus problemas nas habilidades do rapaz.

– Concordo! – reforçou o Intendente. – Conheço-o desde menino e sempre o tive em grande apreço. Se outro desta comunidade me abordasse com as ideias que teve, provavelmente não lhe teria dado ouvidos, mas, como se tratava de pessoa incorruptível, acima de qualquer suspeita, não titubeei em seguir as coordenadas traçadas por ele; decerto seria capaz de pôr em prática o plano traçado. Confiei e não me arrependo.

– Acuso novamente que não mereço o título de herói. Lutamos juntos. Diante do perigo iminente, coube a mim traçar as coordenadas do plano – insistia Roberto, dividindo com os demais o laurel da vitória.

– Tem mais, coube também a ele a ideia do envio dos forasteiros aprisionados para formação do Exército da Igreja[26] que

---

26. Expedições realizadas pelos católicos do ocidente para tomar o Santo Sepulcro do poder muçulmano em Jerusalém. **N.A.**

brevemente seguirá a Damieta[27] para combater os muçulmanos[28] que mantêm domínio sobre Jerusalém.[29]

– Novamente buscou solução acertada para a comunidade, pois como mantê-los aqui senão possuímos prisão segura? Melhor então enviá-los à guerra.

– Essas são as qualidades dos grandes comandantes: visão ampla capaz de perceber lances que, a outrem, parecem obscuros; senso de planejamento aguçado e poder de liderança. Desse modo, para não alongar ainda mais a conversa, informo que, no próximo domingo, eu mesmo celebrarei na Igreja deste vilarejo. Nessa cerimônia, condecorarei este cavaleiro – anunciou o bispo, colocando a destra sobre os ombros de Roberto. – Receberá a medalha de honra que só concedemos aos grandes heróis.

De imediato, na face de todos transpareceu a emoção que a notícia proporcionava. No entanto, Roberto insistiu:

– Não sou o único a merecer tamanha honra...

– É o único. Porque comandou a tropa no cerco aos forasteiros; os outros serão agraciados quando virem o líder homenageado por sua bravura.

As enunciações do bispo puseram fim à conversa. Ficou evidente que tudo aconteceria conforme posto naquele momento. A palavra do prelado, mais do que uma ordem, consistia em obrigação a ser cumprida por todos aqueles que se considerassem bons cristãos.

---

27. Localizada às margens do Mar Mediterrâneo, é uma cidade do Egito, situada ao norte do Cairo. **N.A.**

28. Adeptos do Islã, religião baseada nos ensinamentos de Maomé; nascido na Arábia, recebeu do anjo Gabriel as orientações para criar uma religião que restaurasse os ensinamentos divinos desvirtuados pelo judaísmo e catolicismo. **N.A.**

29. Cidade localizada na Judeia, Israel, sendo uma das mais antigas do mundo é considerada sagrada para o judaísmo, catolicismo e islamismo. **N.A.**

Capítulo 15

COROAMENTO

Os bispos celebravam, geralmente, nos dias santos, e apenas nas grandes cidades; nos demais dias do ano, limitavam os cultos às missas encomendadas, aos casamentos, batizados, velórios. De preferência para os fiéis que não atrasassem as contribuições ou aos que pagassem pelo serviço. Eram escolhidos pelo papa, costumeiramente atendendo a um pedido político ou favorecendo a plano estratégico de dominação, raramente por ter conhecimento do Evangelho. Em muitas cidades, além do cargo de bispo, acumulavam o de prefeito, causando constrangimento aos cidadãos, pois, além de sofrer o jugo dos senhores da Igreja, sofriam por não terem outros líderes políticos a quem pedir auxílio, já que tudo girava em torno de autoridade única e maior.

No vilarejo, assistiriam pela primeira vez a uma missa celebrada diretamente por um bispo. Nenhum comércio abriria as portas, e os habitantes – fossem eles dali, dos sítios ou das propriedades vizinhas – viriam multiplicar a alegria.

As vielas do lugar foram limpas e todos os jardins podados. O Intendente trabalhou muito para ter o vilarejo organizado como desejava, com objetivo de recepcionar o eminente representante do catolicismo, como também para receber o jovem que deveria ser homenageado. Era dupla a felicidade daquela gente: a primeira, pela celebração do bispo, e a outra, pela medalha que Roberto receberia.

Os sinos tocaram, e todos entenderam que Sua Eminência havia chegado ao recinto ou pelo menos se aproximava. Os que ainda estavam em casa apressaram-se para chegar a tempo de não perder nenhum detalhe da cerimônia.

No templo, em uma sala contígua ao recinto central, eram vistos, sentados em cadeiras de madeira revestidas de pele de animal, Rafael e Roberto. Conversavam abertamente. Devido à distância, os familiares não ouviam o diálogo travado.

– Saiba: se Vitória não concordar com o pedido que faço, mesmo ficando contrariado, respeitarei o desejo dela. Como disse, tenho-a na mente desde há muito, quando ainda nem a conhecia; parece loucura, mas é a verdade – falou Roberto, pronunciando cada palavra lentamente, emocionado.

– Não obstante aceitar, o cavalheiro convém em que um assunto dessa relevância deverá ser discutido primeiro em família. Depois, o enlace por meio desse casamento não acontecerá por interesses políticos, muito menos econômicos que venhamos a conquistar. Será única e exclusivamente por vontade de Deus e simpatia entre os noivos. O amor nascerá no tempo certo.

– Concordo. Tanto que escolhi a Igreja para fazer o pedido. O sentimento que nutro por Vitória é tão sincero que jamais o faria em outro local. E afirmo: não é por simpatia que peço a mão de sua filha em casamento. É por amor.

– Não tema o pior! Ela agirá acertadamente. Só é preciso ouvir primeiro os sentimentos. Não tardarei em dar-lhe a resposta, para que sua angústia não se prolongue. Esta semana o procurarei, e, quando o fizer, terei a decisão.

– Perdoa-me por agir assim, tão de repente, sem dar-lhe tempo para refletir.

Nesse momento, foram interrompidos pela chegada do bispo ao recinto. Os presentes levantaram-se e entoaram cânticos em louvor ao prelado. Os dois retornaram ao recinto central e tomaram seus assentos devidos. O olhar de Roberto encontrou-se com os olhos de Vitória, revelando-lhe o ocorrido na sala ao lado.

O bispo entrou no templo e se posicionou ao meio e à frente dos demais membros do Clero, quando alcançou o altar-mor. Os bancos da igreja foram separados da seguinte forma: os primeiros assentos foram destinados à família e principais amigos do homenageado; logo após, sentaram os membros do feudo, políticos e as pessoas mais influentes do vilarejo local e das propriedades circunvizinhas. Depois, os homens que ajudaram no combate aos invasores e pessoas da comunidade que possuíam grandes posses. E como os assentos acabassem, ao final, em pé, dispuseram-se os aleijados, cegos, mendigos e outros miseráveis.

O bispo sentou-se, e os demais repetiram o movimento. Então foram ajustados os detalhes do roteiro cerimonial. As leituras foram pronunciadas em latim e, mesmo que poucos conhecessem o idioma, não haveria comentários dos trechos lidos. Ficaria ao bispo somente a parte da condecoração que seria entregue ao rapaz.

Todos se sentavam e levantavam-se conforme o solicitado. Sem entender por que isso acontecia, repetiam exatamente igual cada ato e palavra. Acreditavam que, somente em atender ao que era imposto pela Igreja, seria o suficiente. Não necessitariam compreender o Evangelho e nem se sentiam capazes disso, cabendo somente aos estudiosos das escrituras sagradas o direito de assimilá-lo.

Depois que todos os rituais necessários à celebração foram cumpridos, Roberto foi chamado ao centro do altar e, conforme lhe fora solicitado, ajoelhou-se e inclinou a cabeça. O bispo depositou em seu pescoço um enorme colar, tendo a cruz, símbolo do cristianismo, como principal adereço. Em seguida, pronunciou breve prece em latim. O jovem retornou ao assento, sendo ovacionado por todos.

O prelado pediu silêncio para voltar à fala. Desta vez em língua comum, conhecida por todos.

– Como é do conhecimento de todos, nossas terras foram invadidas por homens cruéis e, não fosse a intervenção do jovem aqui homenageado, estaríamos todos mortos neste momento...

Prosseguiu o discurso usando palavras fortes, desenhando, na mente dos presentes, cenas de horror, dando cores ainda mais dramáticas aos feitos do rapaz, o que em certa parte os moradores concordavam.

– Agradecemos a todos que compartilharam com ele esse momento de glória...

Novamente o povo ovacionou, só que desta vez a todos que ajudaram na conquista da paz. O bispo pediu silêncio e retomou a palavra.

– Contudo, um dever ainda maior reclama a participação destes homens e, se o cumprirem, serão cobertos com grandes riquezas, tanto materiais quanto espirituais, tendo em vista que serão abençoados por Deus em primeiro lugar; depois, pela Santa Igreja, e, na sequência, pelo povo. Principalmente os familiares, que, doravante, terão lugar reservado no céu...

O povo aplaudiu-o, mesmo sem entender o que ele desejava dizer com aquelas palavras. O silêncio se fez novamente para o prelado finalizar.

– Deus anseia ver estes homens formando grande exército,

marchando rumo a Jerusalém e tomando a Cidade Santa, resgatando-a ao querido papa, que saberá recompensá-los com grandes honrarias na terra como no céu.

Novamente o silêncio. Depois, os gritos e urros de alegria. Os heróis saíram carregados nos braços. Grande festa improvisada foi armada no meio da praça e demorou-se até o crepúsculo vespertino, quando todos retornaram a suas casas. Roberto retornou aos seus devaneios, envolvido na calmaria da noite.

TERCEIRA PARTE

Confissões de Roberto

Questão nº 742

Qual a causa que leva o homem à guerra?

Resposta

Predominância da natureza animal sobre a natureza espiritual e transbordamento das paixões. No estado de barbárie, os povos um só direito conhecem – o do mais forte. Por isso é que, para tais povos, o de guerra é um estado normal. À medida que o homem progride, a guerra se torna menos frequente, porque ele evita suas causas. E, quando se torna necessária, sabe fazê-la com humanidade.

O Livro dos Espíritos[30]
Allan Kardec

---

30. FEB, 4ª Edição, 2ª impressão, 11/2014. **N.A.**

Capítulo 1

A GRANDE BATALHA

O SOL ILUMINOU AS montanhas, árvores, casas... Roberto viu ramos tremularem nas mãos, risos enfeitarem rostos amigos; meninos e meninas correndo ao redor dele. Era a manhã da despedida. Estavam ali as pessoas do vilarejo que o viram crescer. Mas faltava alguém. Quiçá Vitória julgasse inútil aquele espetáculo, desnecessário à vida. Após os acenos, as lágrimas e os risos, ele seguiu com ela, perseguindo seus pensamentos.

Um filete de luz cortou a fenda da pedra, projetando-se exatamente sobre eles, guerreiros; ao passar por ali, quando outro dia amanhecia. Malco aproximou-se.

– Amigo, uma multidão encontra-se no caminho, nas vilas e nos albergues, esperam que novos exércitos se formem para, então, eles se juntarem e seguirem novamente a Jerusalém.

– Qual a origem dessa multidão de homens?

– Soldados derrotados na última Cruzada,[31] que nem em casa chegaram, aguardam-nos.

---

31. Movimento militar liderado pela Igreja católica do Ocidente para retomada da Terra Santa, principalmente da cidade de Jerusalém. **N.A.**

– Pois tem minha permissão de convocá-los.

Malco afastou-se muito contente, a formação de grande Exército muito agradaria ao papa e lhes daria maior destaque quando chegassem às terras de Israel,[32] a antiga Judeia.[33]

Roberto mirou os lados. Viu os homens simples do vilarejo e os forasteiros transformados em soldados de uma guerra. Pensavam como ele? Viveriam aquela experiência depois retornariam à vida normal?

Recordou-se de Sofia. Partira um dia antes dele. Encontraria o pai, enquanto ele viveria o momento da guerra, talvez mais forte nele do que em outros combatentes.

"Guerra, guerra, guerra... Quantas ainda teremos de travar para atingir a supremacia?" – monologava.

Ele desceu a mão ao longo da crina do negro corcel, único amigo a compreendê-lo verdadeiramente. Dividia com ele o que só ao seu íntimo cabia.

"Amigo... Só você entende a dor de um homem! A saudade da mulher que escolhi me tira a concentração, mantém-me no mundo dos sonhos, só você para me guiar!" – continuava imerso em suas meditações.

Na hora da despedida, quando Sofia o abraçava, reviu sua história, cada cena, desde o dia da descida de barco pelo Rio Danúbio até o instante em que ela desmaiou sobre o cavalo na tarde da emboscada. Ele não sabia definir se aquilo fora um abraço de até breve ou um adeus de última despedida. Agora, estava ali, parado, distante.

Respirou, desceu da montaria, juntou-se aos demais. Uma fogueira crepitava. Ele sentou-se ao lado de Malco; outros homens aproximaram-se para ouvi-lo.

– Malco, existem dois caminhos a serem trilhados. O pri-

---

32. Nação localizada no Oriente, terra onde Jesus nasceu e viveu. **N.A.**
33. Região de Israel onde está localizada a cidade de Jerusalém. **N.A.**

meiro nos leva a São João D'Acre através do Mar Adriático; o segundo, pelo Mar Mediterrâneo. Quando visitei a região, anos atrás, percebi que a distância é menor por Bari, e a travessia, menos perigosa.

– Por Bari pode ser melhor. Enviarei um mensageiro para que preparem as embarcações, assim não perderemos tempo quando lá chegarmos. Também pedirei mais armas.

– Sim – disse Firmino, acrescentando: – Nosso exército cresceu...

– Isso prova que Deus concorda com nossas atitudes. Tudo se apresenta fácil! E não podemos esquecer que fomos convocados pela Santa Igreja – completou Malco.

– É verdade tudo o que falaram. Cedo partiremos, e leve Firmino com você para ajudá-lo a aumentar nosso Exército da Paz. Por ora, vamos dormir! – finalizou Roberto.

Outros, que não valorizavam o ouro, também figuravam na guerra para obter a salvação da própria alma.

Durante o sono, desprendido do corpo, vagando entre as regiões do espaço às quais era atraído pelos vínculos afetivos, Roberto deparou o velho pai, Armando, com expressão séria:

– Filho, seja forte, mas não se iluda com as vãs alegrias de uma guerra, nem acredite na salvação da alma por meio dela. Salvá-la-ão de quê? De quem? Absurda ideia! Como se o mundo não fosse Deus! Se tentarmos fugir, indo a lugares para pensar diferente disso, para onde iremos? Tudo é Ele, nada é indiferente a Ele. Então, por que essa busca? Aonde desejamos ir que Ele não seja ou esteja? O que pode haver que não conduza a Ele? Aonde ir que não O encontremos?

Nas entrelinhas, o conselho paterno tinha algo de advertência. Continuou Armando:

– Salvar-se não seria uma tentativa de acalmar os desassossegos? Não seria harmonizar essa dicotomia que habita em nós: homem–mulher; velho–novo; bom–mau; tristeza-alegria; ódio–amor...? Não seria reconhecer nossas diferenças e inseguranças para dali tirar certezas? Não seria convencer-nos de nossa importância e daquilo que podemos realizar? Não seria viver de fato o que somos? Não seria escapar das inverdades que criamos?

No outro dia, Roberto despertou mais contente; pouco se recordava do sonho, mas um sentimento terno o acompanhava. Avançaram: clero, guerreiros e homens comuns.

Talvez retornassem da guerra com bastante riqueza, assunto afiançado por quem esteve por lá e adquiriram fortuna que lhes garantiram a subsistência para o restante da vida. Decerto, poucos, porque a maioria terminava inútil; totalmente dependente da família.

Seu corcel trotava vagarosamente, enquanto Roberto observava o trabalho de Malco e Firmino, convencendo os soldados abandonados de outras batalhas a retornarem à guerra.

O duque Leopoldo VI, da Áustria, e o Rei André II, da Hungria, desceram a Zara e Spatalo. De lá, atravessaram o Mar Mediterrâneo e alcançaram São João D'Acre, na velha Judeia, também a mando do papa Honório III[34]. Era plano de guerra derrotar os sarracenos,[35] liderados pelo sultão Malek--Al-Kamil,[36] no Egito, para então resgatar Jerusalém. Quanto aos romanos, talvez fosse o menor dos agrupamentos, mas fariam a parte deles, formariam o exército da Igreja. Seguiriam para Bari,[37] cruzariam o Adriático para juntarem-se aos

---

34. Conhecido pelo seu poder conciliador, devolveu à Igreja Católica do Ocidente o prestígio espiritual, viveu de 1.150 a 1.227, foi papa por 10 anos, em Roma. **N.A.**
35. Termo usado para designar os árabes e os muçulmanos. **N.A.**
36. Malek-Al-Kamil foi sultão do Egito, da dinastia aiúbidas. Sobrinho de Saladino. **N.A.**
37. Situada na região de Apúlia, na Itália. Importante cidade para a história devido sua localização às margens do mar Adriático. **N.A.**

demais guerreiros que, segundo informações do cardeal Pelágio,[38] líder do agrupamento religioso, esperava-os para reforçar o batalhão.

De repente, anoiteceu. Era incrível como Roberto andava imerso nos planos de guerra, nem vira o dia passar, tampouco meditou sobre o sonho que tivera com seu pai. Nem os fenômenos da Natureza o atraíam. Armaram acampamentos sob as árvores, próximos, para evitar ataques noturnos. Já eram mais do dobro de soldados. De fato, a chegada a Roma de grande exército agradaria muito ao papa.

De sua tenda, Roberto ouvia os soldados experientes repassando informações da guerra aos outros que ainda não possuíam noção do que aquilo representava. Ensinavam a saquear as casas e templos religiosos do Oriente; diziam os lugares onde, geralmente, os inimigos guardavam os objetos de valor, principalmente as joias; surrupiariam os utensílios dos palácios da realeza.

– Terra dominada é propriedade do conquistador! – declaravam.

Levariam até mesmo as esposas dos nobres, como também as filhas e as serviçais, que, a partir da derrota do patriarca da família, seriam tratadas como objetos para a exploração sexual.

Quanto aos animais, os de montaria aumentariam a cavalaria do Exército e, com isso, avançariam mais depressa; os comestíveis, uma parte consumiriam antes, ali mesmo, na estrada; a outra, levariam para se satisfazerem nas festas promovidas para entretenimento no acampamento.

Malco acompanhava Roberto de perto. À noite, sempre conversavam antes de dormir.

– Alguma coisa te limita, outras te atraem em demasia. A

---

38. Também conhecido por Paio Galvão, participou da Quinta Cruzada, um dos principais responsáveis pela conquista de Damieta, cidade egípcia. **N.A.**

guerra certamente não é uma das que mais te excitam. Imagino que nem sequer desejou vir – falava Malco, em tom fraterno, desejando conquistar a confiança de Roberto.

– Não é isso... Até me agrada bastante o fato de estar contribuindo com a Igreja. Apenas não desejo envolver-me demasiadamente com os sofrimentos alheios. E as riquezas, não me interessam; já tive oportunidade de tê-las e em nada me satisfizeram.

– É nosso líder. Sem a sua experiência não haveríamos chegado aqui. Atravessamos vilarejos e aldeias onde mulheres se ofereciam para saciar nossas necessidades da carne, mas em todas se esquivou, preferindo a solidão da tenda. O que ocorre? Revele-me!

– Então julga meu estado d'alma pelas minhas aventuras amorosas?! Não sou mais um menino que sonha em saciar todos os desejos, ignorando os verdadeiros sentimentos. Relacionar-me com pessoas, tratando-as como meros objetos, é muito cruel.

– Nossa masculinidade permite-nos tais atos. Está em nossa natureza. Somos homens! Saciamos os desejos tão rapidamente quanto rapidamente nos chegam. Há sido assim desde sempre. Quer mudar nossos costumes? Isso aqui é uma guerra, muitos arrimos de família morreram e as mulheres que encontramos pelo caminho são viúvas. Não possuem dinheiro para alimentar os filhos. Ajudamo-las para não morrerem de fome.

– Cada pessoa tem um ponto de vista. Não quero me iludir com uma situação imaginária, criada para justificar faltas. Elas não possuem recursos para alimentar a si e aos filhos. Então comercializam o corpo para garantir o sustento. Pregam que agem assim para não morrerem de fome e para não verem os filhos vendidos ou escravizados. Não desejo fortalecer essa crença pagando-as em troca de sexo. Quero seguir com a consciência tranquila, crendo haver praticado o bem.

– Mas pode estar enganado. A vida é breve. Brinque um pouco mais! Pois a guerra poderá ser longa! Endurecendo-se, se entediará demasiado! Um bom líder equilibra-se para vencer!

– Lamento, Malco! Não alcanço o equilíbrio desse modo. Talvez um pouco de dança, música e alegria seja mais prazeroso.

– Falarei sobre um assunto que tomei conhecimento antes de nossa partida.

– Fale! Tem liberdade para falar comigo.

– Vi você conversando com o pai de Vitória, naquele dia da condecoração, quando o bispo celebrou a missa.

– Sim, é verdade! Mas nada saiu conforme esperei. Pensei que a resposta de Vitória fosse diferente...

Ele para, por instante, pensa... Depois retorna:

– Não sei por que estou aqui se os maiores tesouros ficaram para trás!

– Pensar assim pode angustiá-lo. Será que não?

– Creio que sim.

O cardeal Pelágio aproximou-se. Sua bata de fino tecido, com dobras perfeitas, impressionou Roberto. Era admirável como não as amarrotara ao longo da viagem. O ouro da mitra brilhava no sol, cachos de cabelos vazavam dali, brancos e dourados. Deveria pertencer à realeza. Tanto a pele como os pelos diziam isso. Seu modo de falar, diferente, suave e lento, escondia interesses. Recepcionou os guerreiros tão logo saíram do vilarejo, decerto a pedido do bispo. Talvez tenham sido objeto de troca de favores, mas isso agora não importava.

– Ao amanhecer, partiremos; aproximamo-nos de Roma, o papa Honório III nos abençoará, e mais homens se unirão a nós. De lá seguiremos a Bari. Valeu a pena ter andado tanto; éramos um grupo pequeno, juntamo-nos aos outros e isso fez aumentar nossas chances de vitória – declarou o cardeal.

– Não temos por que temer! Notícias revelam o quanto os sarracenos estão prestes a se renderem. Nosso número de soldados é bem maior. Até chegar a Israel formaremos um exército como nunca antes visto – redarguiu Roberto.

– Isso é fato. Somos melhores e mais numerosos – ponderou o cardeal.

Depois de mirar o líder, atentamente, fez breve pausa, mudou a fisionomia e respirou fundo antes de continuar.

– Amanhã, no próximo vilarejo, pousaremos. Encontrarei alguns amigos. Se desejarem, daremos uma festa, têm a minha permissão. Afinal, é longa a caminhada. Usem o que quiserem: bebidas, comidas, músicas, dança. Até mesmo podem chamar as "dançarinas" para alegrarem o ambiente – acrescentou, com jeito malicioso.

Roberto mudou um pouco a fisionomia, contraiu-se. O cardeal percebeu o estranhamento dele, enquanto Malco abria largo sorriso.

– Quando eu comunicar aos soldados, a alegria será incontrolável. Garanto que lhe serão muito gratos.

– Amigo, somos homens – disse o cardeal a Roberto, encontrando apoio no riso de Malco. – Não fingiremos santidade só porque estamos em uma guerra feita em nome de Deus. Até Ele sabe de nossas necessidades.

Sem consentir com o exagero da proposta, porque com bem menos todos se sentiriam felizes, Roberto controlou-se. Não se desgastaria com a autoridade máxima do Exército e da Igreja.

– Necessitamos de você na linha de frente – continuou o cardeal. – É o nosso melhor soldado, além de ser um líder. O bispo me garantiu isso. Não somente eu, mas todo o Exército precisa de sua experiência.

O cardeal quis dar sequência à conversa, mas viu que isso de nada adiantaria; ambos necessitavam um do outro. Talvez, em momento mais propício, trataria de se livrar de Roberto; ou Roberto se livraria dele. De chofre, pôs-se de pé. Saiu.

– Eh! Pelo visto não sou o único preocupado!

– Malco! Você me conhece. Se precisasse de ajuda, já teria pedido. Se ainda não o fiz, é porque estou bem. Façamos o seguinte: amanhã iremos à festa proposta pelo cardeal; cantaremos, riremos... Combinado?

Malco abriu grande sorriso, mas, antes que respondesse à sua proposta, o amigo completou:

– No entanto, há uma condição: não seduzirá nenhuma mulher para mim! Sou crescido. Se eu desejar, conquistarei uma sem sua ajuda.

Calado, Malco retirou-se para a barraca de dormir. Por dentro, ele explodia de alegria.

– Enfim, levarei esse danado à farra!

O pensamento vibrou tão alto que ele olhou para trás para ver se Roberto havia ouvido.

Roberto virou-se. Observou as nuvens estagnadas. Nenhum vento as movia. Como sempre fazia, imaginou os desenhos formados. Os olhos cansaram-se e, sem perceber, adormeceu.

Capítulo 2

BICORPOREIDADE DE ELIZABETH

OS SOLDADOS DA TOSCANA chegaram a Roma, conduzidos por Roberto. Bandeiras tremulavam nos mastros. Das laterais, observadores curiosos acenavam, enquanto a visão não se desviava dos guerreiros, procurando os detalhes. As tropas, de diversos lugares da região, unir-se-iam ali para formar o Exército Católico, aquele que lutaria primeiramente em Damietta, na Península do Sinai, e no Cairo, com objetivo de retomar Jerusalém.

Os cavalos, cobertos por mantas bordadas a ouro, destacavam os comandantes, que também possuíam uma cruz vermelha em tamanho maior para identificá-los. O de Roberto empinou, com a crina um pouco eriçada, querendo aplausos. Sobre ele, puseram enorme manto na cor branca, com detalhes vermelhos nas bordas, talvez simbolizando o sangue que seria derramado na batalha. Franjas de diversos tamanhos, pregadas no contorno, denunciavam entre os superiores quais eram os mais poderosos. Assim foi feito para diferençar Roberto também. Essa imagem foi fortalecida pela Igreja para impor respeito, já que ele comandaria a tropa.

Os homens comuns, aqueles que não foram reconhecidos pelos dotes, eram tratados pelo Clero como seres sem importância alguma do ponto de vista religioso; participavam tão somente para garantir a vitória à Igreja, nunca como servos dela, menos ainda como filhos de Deus. Se estavam ali ou se não estavam, isso não era exatamente o mais importante; importava ganhar a guerra. E enganá-los, se preciso fosse, seria considerada atitude menor.

Dormiam ao relento, nas calçadas e bosques próximos da cidade. Nunca havia para eles uma cabana ou albergue; a alimentação, rala e de pouca qualidade, era cozida em enormes caldeirões sem higiene alguma, "sem tempero e sem sabor", expressão usual à época e que atravessou séculos. Muitos morriam mais de doenças contagiosas semeadas nas ruas pelos miseráveis do que por uma lança ou espada que viesse a atingi-los.

Até o dia em que ocorreram os fatos ora narrados, quatro exércitos formados pela Igreja Católica Romana retornaram da Terra Santa trazendo a hanseníase, o ouro roubado e a derrota. Os soldados seguiam movidos pela esperança de ter um lugar reservado no céu ou pela ganância. Os saques mantinham-nos vivos.

Atravessaram Roma assim, debaixo dos aplausos do povo e das bênçãos do papa. Quanto mais Roberto avançava, mais visível ficava a impossibilidade do retorno. Criaram em torno dele a ideia de "bravo guerreiro" capaz de levar a solo o inimigo em poucos instantes.

Em Bari, à noite, Roberto já havia armado a tenda para dormir quando, de repente, seus pensamentos foram dominados por grande remorso. O coração acelerou. Pôs-se de pé. Atordoado, fechou os olhos e, em seguida, abriu-os rapidamente. Repetiu esse ato diversas vezes. Pensou que estava louco, perseguido por alguém invisível.

"Que terá sido?" – questionou.

Pensou em pedir ajuda. Todavia, não avistou ninguém. Então percebeu um vulto correndo rente a ele. Quis reconhecê-lo, mas ele sumiu tão rápido que foi impossível.

Olhou para todos os lados, mas somente o vazio. Em seguida, de onde se encontrava e na posição oposta a ele, o vulto surgiu novamente. Desta segunda vez, a imagem demorou-se um pouco mais, a tempo de identificar que se tratava de uma jovem na média de 16 anos. Vasculhou a memória, mas ela o traiu.

"Durante o dia avistei alguma menina no batalhão?"

A perturbação o impedia de raciocinar com lógica, confuso que estava com a surpresa da aparição.

A moça apareceu novamente bem próxima. Depois correu para distante. Ele quis segui-la, mas, por medo, recuou. Lembrou-se do jeito dela, das vestes, do rosto. Todas as visões foram rápidas, mas ficaram registradas na mente. E, antes de se desfazerem por completo, refletiu em busca de respostas.[39]

O vulto sumiu de vez. Roberto sentou-se em uma pedra próxima e, aos poucos, a sensação estranha diminuiu. Assimilou melhor a situação e a imagem da moça veio mais nítida.

– Sim, só pode ser! É a mesma moça que acompanhava Vitória no dia da festa de boas-vindas, quando da minha chegada ao Vilarejo – recordou.

Reviu os convidados, cada um chegando, descendo de suas charretes; os cavalos, as carroças... Levou a mão à boca para conter o susto:

---

39. "Enquanto o corpo se acha mergulhado no sono, o espírito, transportando-se a diversos lugares, pode tornar-se visível e aparecer sob forma vaporosa, quer em sono, quer em estado de vigília (...) com uma aparência tão idêntica à realidade, que possível se torna a muitas pessoas estar com a verdade, ao afirmarem tê-lo visto ao mesmo tempo em dois pontos diversos". Allan Kardec, em *Obras Póstumas*, FEB, 17ª edição, pág. 70, tratando sobre o fenômeno de bicorporeidade. **N.A.**

"Claro! É Elizabeth, filha de Rafael!"

Assustado, reavivou as imagens; queria revê-la.

"O que estaria ela fazendo aqui?!"

Foi à barraca de Malco e solicitou que convocasse mais soldados, que viessem a sua tenda trazendo tochas. Em pouco tempo, mais de uma dúzia deles encontravam-se no local determinado por ele, esperando as ordens.

– Procurem por uma moça de 16 anos, trajando saia larga de tecido rústico e blusa de algodão; agasalho em tom escuro, que praticamente lhe cobre o corpo inteiro!

Os homens dividiram-se em grupos e iniciaram a busca. Decorrido certo tempo, retornaram sem ter visto ninguém.

– Como viu uma moça?! Aqui não há mulheres guerreando. Viajamos há dias e nenhuma nos segue. De onde surgiria? –interrogou Malco, tentando avaliar o estado de lucidez do amigo.

– Estava aqui, corria de um lado a outro. Vi-a pelo menos umas três vezes.

– Foi alucinação. Vamos! Prometeu-me ir à festa quando aqui chegássemos. Um pouco de alegria só lhe fará bem.

Curioso, Roberto ainda olhou para os mesmos lados como fizera anteriormente, onde o vulto aparecera. Queria que ele surgisse novamente ante todos, para provar a verdade de suas palavras; mas nada veio além do silêncio e do vazio.

Ele seguiu o conselho do amigo e foi à festa.

Ali havia bebidas alcoólicas, transportadas em enormes tonéis, fruto dos saques às cidades inimigas situadas ao longo do caminho, com exagero de comidas e danças.

Mulheres capturadas saciavam a sede masculina. Algumas delas eram amarradas, até amansarem, como cavalo bravo. Músicas ecoavam, desassossegando a alma.

Os companheiros de guerra comentavam que Roberto havia deixado no vilarejo uma princesa à sua espera. A essa altura dos acontecimentos todos já sabiam o nome de Vitória, pois Malco o revelara.

– Por isso se esquiva todas as vezes que uma mulher se aproxima – murmuravam uns.

– Realmente, é exímio lutador. Possui muitas qualidades. Desejaria que fosse meu genro – falavam os mais velhos.

Quando o dia ia amanhecendo, recolheram-se. Mesmo cansado, Roberto não se esquecia do episódio do início da noite. Refletiu por bom tempo.

"Será que algo grave aconteceu a Elizabeth? Ou está formando elo entre a minha pessoa e as demais de minha família e amigos?"

No sítio, todos dormiam, menos Vitória. Ela meditava:

"Não sei quem me contou, mas tenho a impressão de ter agido corretamente quando não aceitei a proposta de Roberto. Um pressentimento levou-me a crer que, anteriormente, vivi esta mesma situação. É estranho! A mente visualizava cenas: ele aproximando-se, solicitando-me que o aguardasse, afirmando-me que nunca estaria distante..."

As elucubrações de Vitória varavam a noite. Quase adormecia, quando um grito estridente cortou o silêncio, despertando a todos. Rafael, aflito, encontrou Vitória sentada na cama. O pânico dominava-a, e Elizabeth, de pé diante dela, com o olhar estático.

Lourdes aproximou-se. Ambrósio, mesmo morando em pequena casa, um pouco distante dali, ouviu o grito, correu e manteve guarda na varanda para o caso de precisarem de ajuda. Após breve tempo a jovem caiu totalmente desacordada.

O temor foi tão grande, que Ambrósio decidiu invadir a casa. Mesmo sem entender, segurou Elizabeth nos braços e a levou para fora. Deixou que os raios da lua lhe banhassem a face e o frescor da noite refizesse seu ânimo. Aos poucos ela despertou, olhou para os lados, confusa. Depois adormeceu profundamente.

No dia seguinte, despertou cedo, como se nada houvesse acontecido. Asseou-se, pegou os instrumentos de trabalho e dirigiu-se ao jardim para cuidar das flores.

Lourdes e Rafael observavam o trabalho da filha sem pronunciar uma única palavra, até mesmo porque, se tentassem, não saberiam o que dizer, uma vez que o episódio da noite anterior fora estranho demais.

Ambrósio aproximou-se de Elizabeth, porém pelo outro lado da cerca. Ele passara a noite em claro. Em seguida, Vitória surgiu à porta.

Quando Elizabeth a avistou, parou o trabalho e chamou-a para perto de si.

– Roberto está bem! Vi-o em um acampamento próximo a Jerusalém – falou a jovem e voltou ao cultivo das flores.

Vitória, paralisada ante a afirmação, mirava-a. Durante todo o dia deteve-se diante da irmã, perscrutando-a. Apenas Rafael foi cuidar do plantio.

Próximo de meio-dia, Vitória voltou a procurá-la.

– Elizabeth! Como sabe que Roberto está bem?

– Vi-o ontem, à noite.

– Viu como?!

– Fui lá...

– Onde?

– Onde ele está.

– Como foi ao lugar onde ele está se não saiu do quarto nem por um instante?

– Não sei como. Só sei que fui. Queria falar com ele, mas estava assombrado. Não sei com o quê. Então voltei.

Vitória calou-se. Em meio ao silêncio interior, questionou-se:

"Ou está impressionada com a partida de Roberto ou está aí a explicação para suas esquisitices, pois sempre narra que vê coisas e já demonstrou por várias vezes que lê pensamentos."

Marta, que acompanhava os acontecimentos desde a noite anterior, envolveu Vitória em suas vibrações, para despertar-lhe conhecimentos armazenados, mas adormecidos na memória espiritual. Fê-la lembrar-se de situações semelhantes, ao tempo em que lhe intuía novas ideias sobre o assunto.

– Vitória, há possibilidades de visualizar situações desconhecidas, mesmo quando aprisionados à matéria. No momento em que adormecemos, o espírito desperta para outras realidades. No seu caso, entra em relação com o mundo espiritual, visita lugares, conversa com seus protetores e guarda lembranças das experiências.[40] Com Elizabeth é um pouco diferente: participa da mesma experiência, porém é um estado de independência da Alma, quando as faculdades espirituais ficam mais desenvolvidas e ela pode ser vista em dois lugares ao mesmo tempo.[41] Mas, em ambos os casos, trata-se do processo de emancipação da alma.

Mais uma vez Vitória não teve a certeza de onde vinham aquelas ideias. Meio sem entender o que se passava, olhou fixamente para a irmã e, sorrindo do jeito inocente de como ela percebia a vida, abraçou-a.

– Isso acontece constantemente?

– Não me lembro muito bem. Só sei que já aconteceu várias vezes comigo! Faço segredo dos fatos, porque tenho medo de pensarem que estou louca. Quando fui ao vilarejo, outro dia, vi uma mulher presa, sendo levada em uma carroça que mais parecia uma gaiola. Então perguntei aos amigos o que ela ha-

---

40. Questão 401, *O Livro dos Espíritos*, FEB, 4ª Edição, 2ª Impressão, 11/2014. **N.A.**
41. Capítulo VII, Da Bicorporeidade e da Transfiguração, *O Livro dos Médiuns*, FEB, 81ª Edição, 6ª Impressão, 01/2018. **N.A.**

via feito para ser enjaulada como animal. Responderam-me: "Não se preocupe com esse tipo de gente. Ela é bruxa! Diz ver pessoas mortas e ouvir vozes do Além".

– Somos sua família. Nós lhe amamos muito. Jamais deixaremos que a levem presa.

– Porém, quando em sonho estou em outros lugares, também vejo pessoas mortas. E ouço vozes do Além.

– Eu sei. Ontem, à noite, acordou muito assustada e com o olhar vidrado na parede.

– Não me lembro de nada disso. Só recordo do sonho. Por isso lhe contei.

– E se lembra de algo mais?

– Não!

De repente a menina mudou a fisionomia, denunciando ares de medo.

– Alguém, além de você, viu isso acontecer?

– Sim, todos nós vimos: eu, mamãe, papai e Ambrósio.

– Estou perdida. Mantinha escondidos esses fenômenos. Agora todos sabem que sou louca.

– Não! Não é louca. Somente vê o que os outros não veem. E isso não é loucura!

– Para você. Porque para a Igreja isso é coisa do demônio. Ouvi o padre pregando desse modo durante o sermão. Nunca ouviu? Sempre repete: "o demônio usa de mil maneiras para nos enfeitiçar; faz-nos ver coisas onde não existem, confunde-nos!"

– Quem garante que o que viu não existe?! Afinal, Roberto foi mesmo à guerra. E você disse que o viu em um acampamento. Então, a possibilidade de esse sonho ser verdadeiro é muito grande, não julga?

– Sim, claro que sim! Outra coisa com a qual sempre sonho é com você morando em uma Igrejinha. Não sei onde fica, mas é muito bonitinha.

Vitória, estática diante da afirmação da irmã, lembrou-se de também ter sonhado várias vezes com uma igreja, situada em região próxima ao vilarejo.

– Também sonho com essa igrejinha! Vê como não é somente você quem sonha nesta casa?! – falou Vitória, buscando animar a irmã, a fim de que não se sentisse constrangida.

– Não quero que ninguém saiba. Promete não falar o que aconteceu nem para a sua sombra?

– Sim, claro!

Abraçaram-se e, durante muito tempo, evitaram tocar novamente no assunto. O tempo passou, e o fenômeno não se repetiu, tranquilizando Elizabeth. Todavia, os discursos inflamados dos sacerdotes sobre a impossibilidade de comunicabilidade entre o mundo espiritual e o mundo material cresciam a cada dia, sempre reforçando a proibição. Vitória passou a ouvi-los atenciosamente, para ajudar a irmã a livrar-se de possíveis perseguições que já aconteciam esporadicamente em todo o mundo dando início às peregrinações.

O objetivo da Igreja era silenciar a voz dos Espíritos, nem que para isso acendesse o fogo da ignorância e da estupidez. Queimaria corpos, mas não poderia impedir que os fenômenos continuassem, porque são expressões de leis naturais.[42]

---

42. A imagem recorda Jan Huss, um dos reformadores da Igreja imolados na fogueira inquisitorial do século XV. "Hoje queimam um pato, mas haverá um tempo em que não podereis queimar as ideias." Jan Huss reencarnaria no século XIX, em Lyon, França, como H. L. D. Rivail, adotando depois o pseudônimo de Allan Kardec, o codificador do espiritismo. Veja também na Parte Primeira, nota sobre outra existência de Allan Kardec, na Gália. **N.R.**

Capítulo 3

NOTÍCIAS DO VILAREJO

CARMELA CHORAVA.

Ela refletia sobre os últimos acontecimentos, especialmente acerca da decisão de Roberto ir à guerra. Essas sensações ocupavam a alma e fortaleciam a dúvida se ele deveria ter seguido ao combate. Desde criança, ela observava em seu caráter aversão às práticas das batalhas e a convencia:

"Para que riqueza, principalmente se for conquistada ilicitamente? De que serve o poder se, para alcançá-lo, temos de tirar o direito do outro?"

Ao contrário das outras vezes em que partira, desta vez ela consternou-se. Para aliviar-se, compartilhava a angústia com a família, passando dias na casa das irmãs. Quando se cansava da companhia de uma, dirigia-se à residência de outra.

Lembrou-se de Sofia, a filha que ganhou. No dia da despedida dela, abraçaram-se e choraram o suficiente para muito tempo. A moça observou com carinho:

– A senhora é especial para mim. Senti-me tão bem nesses meses que passei em sua companhia! Se tenho Roberto como irmão, saiba que a tenho como mãe.

A matrona não sentia a terra firme debaixo dos pés, tamanha a desolação. Partiam, na mesma semana, os filhos que muito a alegravam. Eles eram o motivo pelo qual passava horas e horas frente ao fogão a lenha preparando deliciosas iguarias.

– Breve retornarei! Não chore por minha ausência. Empenho a palavra que não me demorarei. Desejo apenas informar a papai os fatos atuais. Decerto anseia por receber notícias minhas, e nada melhor do que obtê-las pessoalmente. No retorno, trá-lo-ei até aqui, se aceitar. É meu objetivo residir em definitivo com a senhora.

– Filha... Aqui é muito simples. Depois, seu pai precisa de você ao lado dele.

– Ele não sentirá tanto a minha falta. Possui as companhias femininas que geralmente flertam com ele. Muito em breve haverá de contrair novo matrimônio. O que me trará bastante alegria, uma vez que é jovem e sempre viveu para mim. Agora precisa viver um pouco para ele.

Com essas palavras, Sofia finalizou aquele período de aventuras naquelas plagas. Deixou a promessa do retorno breve, para seguir a jornada que tanto desejou para si, distante dos grandes centros comerciais e próximo à natureza e à vida simples nas comunidades.

Partiu.

Vitória sempre visitava Carmela, que, após a partida dos filhos, vivia a solidão como se essa fosse a única opção, exigindo, assim, muita atenção dos familiares e amigos. O desejo de todos não se realizou. Ansiavam ver Roberto casado com alguma moradora da comunidade, para residir na casa de Carmela, fazendo-lhe companhia.

A florista agradecia os poucos dias desfrutados ao lado de Roberto. Em súplica, implorava a Deus que ele voltasse da guerra com vida! Outrora, Sofia revelou-lhe que Fidalgo, o cachorro de estimação, fora um presente dela a Roberto, quando ele partira de Viena com destino à Toscana, sendo que lhe impôs:

– Presenteie-o a uma pessoa que ama!

Vitória soube, posteriormente, como ocorreram os fatos na estrada. Fora Roberto a pessoa que a seguira na primeira vez. Deixara o cachorro cair de seus braços e correr ao encontro dela, encantando-a.

Ela pensava:

"É a prova de que entre nós existem fios de uma mesma história, ligando-nos desde tempos distantes."

Nos momentos de tristeza, Carmela encorajava-a a seguir levando na bagagem somente bons pensamentos.

– A dor torna-se mais leve quando dividida. Por que não aceitou o pedido de Roberto? Sofre bastante. Se houvesse criado um compromisso, as garantias dele trariam consolo, e ele teria mais motivos para voltar.

– Carmela... Eu não concordaria com algo que meu coração não aceita. Amo-o muito. A senhora sabe que são raras as uniões por amor. Mas uma sensação em mim dizia-me que Roberto não deveria ter partido para a guerra; nada o obrigava, poderia ter recusado a proposta da Igreja.

– Isso o deixaria em posição desconfortável. O que diriam? Que se recusou a servir à Igreja e ao povo?

– Qual a ligação dele com essa batalha? Só porque liderou o grupo que lutou contra os forasteiros invasores do vilarejo não quer dizer que devesse tornar-se o comandante da tropa que segue para Jerusalém. Quantos existem que poderiam ocupar o seu lugar? Então, por que ele?! Não me conformo! Seu lugar é aqui. Passou tanto tempo distante de casa! Não foi correto partir tão de repente! Depois, Sofia veio de longe visitá-lo. Sabemos o quanto o ama.

– Confiemos! Tudo terminará bem! Roberto jamais recusaria o convite do bispo. Você mesma ouviu as palavras do prelado na Igreja. De todos os cantos do mundo, exércitos são formados com o objetivo de devolver a Terra Santa à Igreja. Ao salvar nosso vilarejo daqueles homens, terminou por revelar os dotes de guerreiro. Talvez isso faça parte do destino dele.

– Se existe destino, também existe livre-arbítrio para mudá-lo. Não penso que tudo aconteceu conforme deveria ter acontecido. Creio que as coisas surgem para colocar-nos à prova e serem modificadas. Quantos estão sofrendo com a ausência de Roberto? Essa dor pode até fazer parte do destino, porque, talvez, promova o crescimento espiritual, mas não creio que seja imposição de Deus. Faz parte das decisões inconsequentes do homem!

– Falo assim para confortá-la, mas concordo com o que diz. Pensar dessa maneira dói em mim. Prefiro crer que tudo aconteceu conforme os desígnios do Criador.

– Deus não quer seus filhos morrendo nas guerras. Se os confrontos existem é porque ainda são necessários para a humanidade progredir mais depressa. Quanto mais o homem aprimora os sentimentos, tendo como guia e modelo o Cristo, menos combates corpo a corpo serão necessários. O Criador deseja ver todos unidos em um só pensamento: "Fazer o bem incondicionalmente!"

– Eu sei! – murmurou Carmela, abaixando a cabeça e voltando a chorar. – Se houvesse aceitado o compromisso e prometido que o esperaria, tudo seria diferente!

Vitória enxugou as próprias lágrimas para, em seguida, confortá-la.

– Gostaria muito que houvesse sido assim. Como falei anteriormente, não sei de onde veio a intuição que me incentivou a agir diferente. Dessa vez, Roberto teria de fazer outra escolha.

Talvez fosse a própria consciência alertando-me a não repetir erros do passado. A opção foi dele. Poderia ter ficado e nos dado a segurança necessária. Quem garante que outro grupo de desordeiros não surgirá? Se isso acontecer, quem nos protegerá? Ele não é o responsável por todos nós. Tem o direito de seguir a vida como melhor lhe apraz, mas também não deveria querer que o mundo estacionasse e esperasse por ele.

– Concordo! Perdoe uma pobre mãe que já não sabe o que dizer em favor do filho! Sei que não deve prender-se a uma promessa que talvez não se realize.

– Não é isso! Esperarei por Roberto o tempo que for necessário! Outro não me atrai nem haverá de me atrair!

– Ele regressará. Tenho convicção!

– Foi o orgulho que o levou para longe de nós. Mais uma vez os homens trocam o amor pelo ódio. O que se resolveria por meio do diálogo, perde-se no desejo de um suplantar o outro. De que nos serve amar, se não nos rendemos ao amor? De que adianta servir à Igreja e ao povo, se não servimos à nossa própria família e amigos?

– Vitória! Servindo à Igreja, servimos a todos!

– Lamento se discordo! A luta que travo é no íntimo. Para que limpar o exterior, se no interior habita a podridão? O homem trabalha para mudar o mundo à sua volta, quando, na verdade, essa mudança acontece no cerne. Olhe a semente: é apenas uma semente porque ainda não conseguimos ver a árvore frondosa repleta de flores e frutos contida nela! Se hoje somos a semente do erro, amanhã poderemos vir a ser a árvore do amor gerando os frutos da sabedoria, desde que façamos as escolhas certas.

– Tudo isso compreendo. Então só nos resta orar e esperar.

Finalizado o diálogo, Vitória retornou para casa em companhia do fiel amigo, Ambrósio.

Pouco tempo depois, antes que o inverno descesse denso sobre o Velho Mundo, Sofia pensava em seu retorno à Toscana. Como previsto, seu pai estava prestes a contrair segundas núpcias com uma dama da sociedade vienense. Preparava o início de uma nova vida. Enviuvara muito jovem, quando a primeira esposa morrera durante o parto de Sofia. Desde então, dedicava-se unicamente à filha, educando-a com muito esmero. Auxiliado pelos melhores professores da cidade, deu-lhe o mais fino trato que o dinheiro podia comprar.

Agora que a filha encontrava-se feita, veio a necessidade de dar continuidade à vida pessoal, de casar-se, e, quem sabe, ainda teria outros filhos. Era jovem a pretendente, capaz de dar-lhe rebentos fortes.

– Jamais colocarei outra mulher no lugar de sua mãe. Igual a ela nunca encontrarei. Depois, não me arriscarei em outro matrimônio para descobrir que a nubente não a ama como se deve amar a uma filha! – repetiu ele essas palavras durante anos. Mas agora, vendo Sofia defendendo-se sozinha, criou forças e iniciou a escrita de um novo capítulo em sua vida.

Após as bodas, Sofia despediu-se dos recém-casados e seguiu viagem de volta à casa de Carmela. Durante o tempo em que ficou em Viena, relatou ao pai os fatos ocorridos na Toscana. Convenceu-o da importância de retornar e fazer companhia à mãe de Roberto, para que a senhora não se entediasse tanto na ausência do filho.

O velho senhor deduziu pelas palavras da filha que ela não mais voltaria para casa. Teria outras experiências ao lado daquela gente que parecia ser sua verdadeira família. Prometeu a ela que a visitaria.

Cercada de cuidados, pois desta vez não partiria sozinha, levaria consigo um dos fiéis serviçais com sua esposa e filha, que, por simpatia a ela, seguiria junto na aventura. Sentiu-se segura na viagem, principalmente pela certeza de que chegaria antes de o inverno começar, e isso a acalmava.

Festiva, Carmela recebeu o grupo. Agora via em Sofia uma filha que o céu lhe dera e hoje retornava para casa.

Sofia fez daquele sítio seu lugar definitivo.

A família que acompanhou a vienense facilmente se adaptou ao local.

Capítulo 4

TRAVESSIA DO MAR ADRIÁTICO

O MAR TRANQUILO AJUDOU os guerreiros na travessia. Enquanto isso, jogado na proa, Malco dormia profundamente. A névoa impedia a nitidez da visão. Entre um raio e outro das estrelas, Roberto notou-o.

"É ilusão minha ou Malco está vestido como os gladiadores da Gália? Também a embarcação assemelha-se a essa época!"

Roberto olhou ao redor e comprovou:

"Tudo está diferente! Em Bari, quando entramos em nossa embarcação, era tudo normal. Os detalhes e contornos do navio eram iguais aos do período atual. Agora os vejo diferentes!"

Malco, belo, muito belo! Possuía cabelos claros e um pouco longos. O corpo mais forte, e os músculos torneados, contrastando detalhes entre si. Roberto mirou-se com a intenção de também ver-se diferente, mas era o mesmo dos dias atuais.

"Então essa é uma visão à parte de mim?" – questionou-se.

Repentinamente, sem dar tempo para meditar mais minuciosamente, a cena congelada moveu-se; Roberto dentro dela, mas isolado, sentindo as emoções à parte. E Malco agora corria com outros homens. O barco parou, o vento e a chuva forte impediam-nos de seguir. Malco insistia. Foi quando guerreiros romanos avançaram sobre ele; destroçaram sua cabeça com uma pedra. Roberto viu o sangue misturar-se à água e escorrer. Um rio colorido formou-se rapidamente, com traços negros, vermelhos, marrons...[43] Lembrou-se de Deus. Então veio a dúvida:

"De fato Ele existe?! Julgará nossos atos?"

Com isso, a sensação passou. Havia mudado o foco das ideias. Agora, no convés, viu os seus amigos do vilarejo, maquinalmente repetindo movimentos. Roberto envolveu-se na nova cena, mais real.

"Foi nesse barco que entrei em Bari!"

Apanhou um dos remos e pôs-se ao trabalho. Remou tanto, que se cansou. Queria adormecer cansado, mas não adormeceu. Deitou-se ao lado de Malco, agora o mesmo amigo dos dias atuais. De olhos semicerrados, sentiu a presença de seu pai, Armando.

– A ideia que o homem faz de Deus teve início no instante em que o ser se individualizou e quis conhecer-se um pouco mais. E a ideia da guerra entre os homens começou no despertar do egoísmo, quando o orgulho murmurou palavras em seus ouvidos, revelando-lhes a fragilidade do ser, a ponto de equivocar-se sobre sua origem e sua importância para a humanidade.

---

43. A emancipação da alma se manifesta, às vezes, no estado de vigília e produz o fenômeno conhecido pelo nome de *segunda vista,* que dá aos que a possuem a faculdade de ver, ouvir e sentir *além dos nossos sentidos.* Percebem as coisas ausentes por toda parte onde a alma possa estender a sua ação; veem, por assim dizer, através da vista ordinária e como por uma espécie de miragem. Questão 455. A moléstia, a proximidade do perigo, uma grande comoção podem desenvolvê-la. Às vezes o corpo vem a achar-se num estado especial que permite ao Espírito ver o que não podeis ver com os olhos do corpo. Questão 452, *O Livro dos Espíritos,* FEB, 4ª Edição, 2ª Impressão, 11/2014. **N.A.**

Armando também lhe falou de outros equívocos, quando o homem imaginava que deveria lutar pelo que era seu, pela sua pátria, religião, família, quando, de fato, tais coisas nem dele são. Disse-lhe que muitas guerras acontecem pela intolerância, devido ao fato de o homem não aceitar as pequenas diferenças. Diferenças todas superficiais e totalmente transitórias.

– Basta verificar na essência para comprovar que, no ser, nada muda sem a participação do outro; que a batalha, na verdade, é para aceitar-se e aceitar o próximo, e melhor conviver. O que existe no íntimo e ao redor de nós são imagens do outro, refletidas – frisou Armando.

Isso levou Roberto a mais imagens: os soldados, desprendidos, levantaram-se, guiados pelo espírito do cardeal Pelágio e formaram um pelotão sobre os corpos materiais. Foi então que Roberto percebeu: havia corpos remando e mantendo o barco em movimento. E havia outros corpos, de natureza semimaterial, paralelos àqueles, seguindo as ordens do cardeal, mas em outra dimensão.

Novamente ele divagou:

"E eu? Em que plano me encontro?"

Armando novamente esclarece:

– Você continua no plano da matéria, mas por meio da visão espiritual observa a vida se desenrolando em outro plano. Os outros, separados momentaneamente do corpo, em estado onírico ou em estado semionírico, recebem as principais coordenadas do cardeal Pelágio. Depois despertarão com as ideias do que deverão fazer. Isso só se dá devido à ligação espiritual que existia entre eles. Uma força maior os une. E ela se chama vontade, desejo, querer.

Ao amanhecer, os soldados do Exército da Igreja atracaram na praia e alcançaram o litoral de São João D'Acre,[44] nas encostas de Israel. Insistir em recuar seria em vão. Nada mais justificaria um desesperado desejo de rever Vitória; pois aparentaria covardia.

"Melhor assim! Farei o que vim fazer, depois regressarei" – meditou Roberto.

Em São João D'Acre, as espadas tilintavam nas mãos dos guerreiros. As lanças voavam para atingir os inimigos. Os padres e bispos, os que ali vieram para salvar Jerusalém, agora comandavam as tropas, insuflando nos combatentes sentimentos de coragem e ânimo forte para que lutassem até a morte. Como, então, convencer aos outros que o poder do diálogo é mais forte que a força da arma, do grito, da agressão, se quem deveria levantar a bandeira da paz digladiava fortalecendo a violência?[45]

Os sarracenos viram-se presos e fracos. A cada novo embate o número de soldados diminuía; praticamente não conseguiam seguir lutando. Os soldados da Igreja estavam em maior quantidade e mais bem armados. Estava ali, representando o papa Honório III, o exército de três grandes nações: o de Roma, o da Hungria e o da Áustria. Ainda faltava chegar o de Frederico II, rei do Sacro-Império Romano-Germânico. Finalmente, era certo que ganhariam a guerra e teriam de volta a Cidade Santa.

---

44. Cidade situada na Galileia, no litoral Mediterrâneo, próximo ao Monte Carmelo. **N.A.**

45. O que está sendo narrado nestas páginas se vê diariamente nos telejornais, nos sites da internet, nos livros e nas revistas. Atrocidades praticadas em nome de Deus. E há intolerância religiosa quando guerras são realizadas para garantir que os direitos de professar não sejam violados. As Guerras Santas, ou Cruzadas, como foram posteriormente denominadas pelos historiadores, são, em verdade, as mesmas tentativas de supremacia religiosa que vemos hoje em dia sendo praticadas por algumas religiões. **N.A.**

Uma noite, quando definitivamente dominaram a cidade de São João D'Acre, uma carta do sultão Melek-Al-Kamil chegou às mãos do cardeal Pelágio, oferecendo a rendição dos sarracenos, a devolução de Jerusalém, a reconstrução de suas muralhas e a entrega da Vera Cruz[46] à Santa Igreja Católica Apostólica, de Roma, desde que não houvesse a invasão do Egito.

Comemoraram. Afinal, esse era o objetivo da Guerra. Então havia motivos de sobra para festejar. Contudo, uma decisão do cardeal Pelágio contrariou-os: não aceitariam a proposta do sultão. Seguiriam para Damietta, cidade do Egito, uma grande fortaleza que antecedia ao Cairo.

Estaria o objetivo da Igreja sendo desviado? Isso somente o cardeal poderia explicar:

– Um fato é ganhar essa guerra e retornar para Roma dando-nos por satisfeitos com a vitória; outra é destruir o inimigo. Parece que eles estão nos dando doce para retornarmos e deixá-los em paz. E quem garante que em breve tempo não refarão seu exército e novamente invadirão Jerusalém como fizeram antes? É preciso matar o escorpião. Deixá-lo vivo é certeza de breve ataque.

O argumento do cardeal convenceu os guerreiros a seguir para Damietta.

A travessia do deserto, debaixo de sol abrasador, abalou as forças dos soldados da Igreja. O calor intenso, ao qual não estavam habituados, revelou suas fraquezas. Com o tempo se adaptariam, mas seria necessário despender muita coragem e, principalmente, boa parte dos alimentos e bebidas. A si-

---

46. Verdadeira cruz de Jesus, supostamente descoberta pela Imperatriz Helena de Constantinopla numa data posterior a 312 d.C. Hoje existem milhares de pedaços de madeira que são considerados como fragmentos da Cruz de Cristo, o que põe em dúvida a veracidade do fato. **N.A.**

tuação fez que chegassem a Damietta necessitados de tudo. A primeira providência tomada foi o saque, para suprirem suas reservas.

O que não esperavam era encontrar uma cidade no seu limite final. Não lhes serviria por muito tempo. Nas noites, montavam barricadas para se protegerem, esperando que o inimigo avançasse. Mas era inútil: eles não vinham, e a ofensiva ficava em vão. Eram instantes de guerra vazia. Lutavam sozinhos. Ali havia somente um exército inimigo fracassado.

Com isso, os massacres foram violentos, as baixas aumentaram. Os sarracenos, conduzidos pelo sultão, naquele momento, não eram superiores. O batalhão liderado por Roberto, no qual os forasteiros que invadiram o vilarejo serviam, lutou com bravura e dominou o inimigo, que se rendeu para evitar o pior. Notícias chegavam a todos os lugares, confirmando a conquista da Igreja e a retomada da Terra Santa. Chegariam ao Cairo? Não sabiam; mas aquela cidade, posto de combate dos sarracenos, fora dominada.

Certa noite, quando o Nilo transbordava, Roberto viu um homem, que não era do exército, atravessando o acampamento. Seguiu-o. Por curiosidade, pois era um homem muito diferente. Não lutava na guerra.

Roberto estava perfeitamente desperto. Não era sonho nem delírio. Aquele homem de estatura baixa seguia como se conduzido por uma força superior. Todos os soldados dormiam. Apenas ele estava acordado.

Depois, o homem avançou pelo deserto e alcançou a tenda erguida para proteger Melek-Al-Kamil. Ali foi bem recebido, e demorou-se por quase toda a noite. Roberto, de vigia, não perdeu um só instante do encontro. Registrava, a distância, o sentimento nutrido naquela tenda.

Quando amanheceu, o homem saiu da tenda, trazendo um

manto dourado, possível presente do sultão; atravessou novamente o acampamento dos soldados romanos, depositou o manto sobre um pobre velho, e desapareceu. Roberto ficaria sabendo, posteriormente, que aquele homem era Francisco, o peregrino de Assis.

Capítulo 5

O RETORNO

COM A GUERRA PRATICAMENTE vencida e com Jerusalém retomada, verdadeiro objetivo do combate, parte do exército pensou na volta. A dúvida sobre qual destino tomar fez Roberto adormecer mais cedo. Em sonho, novamente esteve com seu pai, Armando, que agora figurava como protetor do filho, permissão concedida por espíritos sublimes por tempo determinado.

– Nenhuma mensagem de Jesus aborda a necessidade de derramamento de sangue para a implantação do Reino de Deus. Ao contrário, ensina-nos a perdoar e a amar, principalmente aos inimigos. Em todas as ações, ele exemplificou o amor, demonstrando ser a meta principal a ser alcançada – ponderou o espírito.

– Mas aqui, nas Guerras Santas, pouco se questiona sobre a importância dos ensinamentos de Jesus e qual a gravidade dos atos nelas praticados. Os soldados seguem as orientações dos superiores sem questioná-los. O cardeal Pelágio é como uma foice, ceifando pensamentos nobres, também como uma cavadeira, derramando sementes novas no solo, deixando brotar a discórdia e a ambição. Visa tão somente vencer aos sarracenos.

– Filho! A conquista verdadeira, a almejada por Deus, dar-se-á pela prática do bem e da aceitação das diferenças. Os sacerdotes não explicam o porquê de não aproveitar a discórdia para exercitar o amor! O porquê de perder a oportunidade de entender um pouco do Livro Sagrado do Islamismo. De não reconhecer, no profeta Maomé, o lado bom de suas mensagens.

– O que fazer então, meu pai?

– Todo o Evangelho de Jesus é amor. Não dá para vê-lo destruindo violentamente pessoas e pensamentos para que somente o seu prevaleça. Não será também um gesto de tolerância aceitar que cada qual busque o seu amadurecimento espiritual escolhendo o próprio caminho? Que importa ao Cristo que os homens sigam a Maomé ou Confúcio, contanto que por meio deles aprendam a amar a Deus, ao próximo e a si mesmo? Ademais, esses profetas não são emissários do próprio Cristo? Volte, filho!

O sonho fez Roberto repensar suas ideias, mas o cardeal Pelágio seguia com seu propósito.

– Cairo é o nosso objetivo final. A Igreja conseguiu do sultão do Egito a permissão para a retomada de Jerusalém. Naturalmente, esse era o objetivo do papa desde a primeira cruzada, mas é preciso avançar. Ainda existe o Exército da Germânia, o rei Frederico II trará novos soldados para derrotarmos o inimigo.

Junto a essa determinação, outra surgiu mais assustadora ainda: "Todos os inimigos serão levados à presença de tribunal constituído por membros do mais alto poder eclesiástico da Santa Igreja Católica Apostólica, de Roma, para serem julgados pelos crimes de desrespeito aos princípios cristãos".

Pelos delitos comprovados, os acusados seriam mortos.

Essa determinação deu início à instalação dos primeiros tribunais do Santo Ofício, a Inquisição, que se estenderiam mais ostensivamente pelos seis séculos seguintes.[47]

Horrorizado com as determinações, Roberto bateu em retirada, dando por encerrada a sua participação na libertação da Terra Santa. Nem lá chegou. A maioria dos soldados que o acompanhavam, desde a saída do vilarejo e cidades vizinhas, dera preferência por permanecer no Egito. Os que almejavam ouro e poder ainda não haviam alcançado os seus objetivos. Somente uma minoria o seguiu. Plenamente realizados, entendiam que a missão era espiritual.

Agradeceu ao cardeal pela confiança e companheirismo na realização da empreitada, mas era o momento de vencer a longa distância até o vilarejo, lugar que lhe povoava os sonhos durante a noite. Reveria os familiares e amigos, a recompensa que realmente desejava receber.

Partiram em uma manhã fria, início de inverno. Não demoraria a nevar. Deveriam seguir depressa, percorrendo caminhos mais curtos, por atalhos desconhecidos que diminuiriam o tempo de retorno, evitando que o frio os impedisse de alcançar o vilarejo.

Levavam consigo mantimentos suficientes para a volta. Talvez adquirissem mais algum no caminho. Isso veriam depois. Não seria difícil consegui-los, caso viessem a precisar. As cidades cristãs teriam grande satisfação em recebê-los. Jerusalém fora resgatada com a participação deles.

No final da etapa daquela guerra não foi escolhido um grande líder responsável pelo feito que recebesse os louros da vitória. Vários exércitos haviam partido de diversas regiões do continente com seus respectivos comandantes. A glória

---

47. Nesse mesmo período, 1226, o papa Honório III, condenou, no Concílio de Paris, a heresia dos Albigenses. **N.A.**

foi dedicada única e exclusivamente à Igreja. Contudo, os comandantes foram condecorados. Além das honras, ganharam, juntamente com seus familiares, um lugar reservado no céu, concedido pelo próprio papa. Coisa que Roberto questionava muito:

– Os homens são capazes de determinar lugar no céu? Que tipo de céu é esse? Quem é o subordinado, Deus ou o homem?

Entre os condecorados, Roberto figurava.

A marcha de retorno foi lenta, ao contrário do que imaginavam. As fortes nevascas impediam-nos de avançar. Por semanas, abrigaram-se em propriedades de desconhecidos, às vezes dormindo em celeiros, porões ou depósitos. Quando o tempo serenava, dando-lhes oportunidade de seguir, avançavam depressa.

Aos poucos, a situação tornou-se insuportável. Realmente, o inverno estava mais rigoroso naquele ano. A fraqueza física dominou o grupo. Com o corpo debilitado, corriam o risco de morrer de hipotermia.[48] Então parariam a marcha na próxima cidade para abrigarem-se e lá permaneceriam até o tempo mudar.

Caminharam, mas a cidade não vinha. A impressão era de estarem no meio do nada. Não sabiam quando era dia ou noite, nem se deveriam dormir ou permanecer acordados. Os alimentos diminuíram consideravelmente, e os lobos ameaçavam à noite.

Com bastante frio, sozinhos e sem esperanças de encontrar ajuda, abrigaram-se em um casebre abandonado em meio à floresta. Reconheceram que fora um erro tentar o retorno durante o inverno, principalmente porque o caminho que optaram para a volta diferia do da ida.

---

48. Diminuição excessiva da temperatura do corpo, pode levar à desencarnação. **N.A.**

Naquele palácio improvisado, adormeceram.

Roberto desprendeu-se do corpo físico, o espírito ganhou liberdade durante o sono e, com os olhos da alma, divisou a imensidão da floresta à sua volta. Lembrou-se da terra natal, e a saudade veio. Avistou alguém se aproximando, vindo em sua direção. Quando chegou bem próximo, reconheceu Elizabeth, irmã de Vitória.

Ao tocá-la, Elizabeth tomou outra forma.[49] Roberto assustou-se ante o fenômeno.

– Amigo, lembra-se de mim? Sou Astrid.

A vibração da voz irradiada pela moça recém-chegada fê-lo projetar sobre si uma nova forma. De repente, viu-se vestido de gladiador da época da Gália. O corpo também se transformou. Ficou com semblante altivo e forte. Reconhecendo-se naquela outra forma, os olhos encheram-se de lágrimas. Abraçaram-se.

– Arthur! – disse Astrid. – Não se deixe abater nesta hora crucial. Foi mais uma experiência. Seguiu o caminho retilíneo, mas se deixou vencer pelo orgulho. Sabe, entre aquela existência e a que vivemos, outras existiram. Por diversas vezes saiu vitorioso nas lutas que travou contra suas próprias imperfeições, mas, se ainda se encontra atordoado, em dúvida sobre qual o caminho a seguir, é porque não possui a determinação necessária na hora de escolher a trajetória que leva ao Cristo. Tem conhecimentos cristãos, adquiridos em outras vidas; no entanto, ficaram adormecidos, para que vencesse esta batalha, que foi travada mais no íntimo do que no exterior. Foi sua escolha participar desta guerra, quando aqui chegou; para libertar a sua consciência da derrota que sofreu antes, à época da Gália. Carregava consigo a culpa pela destruição de seu povo,

---

49. O perispírito possui a capacidade de ajustar sua fisionomia ao comando da mente, limitado ao grau evolutivo. **N.A.**

de sua raça. Porém, amigo, Deus não o culpa nem o condena pelos erros cometidos. É você quem age assim. Fora juiz e réu no julgamento de seus delitos, passando a ser seu próprio carrasco. Hoje se liberta das correntes que o algemavam. Venceu os erros que o retinham no passado.

Nesse momento, a imagem de um homem vestido em pele de animal, a exemplo dos antigos gauleses, surge. Tributus abre os braços e traz o filho para junto do peito.

– Pai, quanta saudade!

O bravo guerreiro abraçou-o com todas as forças. Os olhos transbordavam lágrimas.

– Vamos, filho... Está muito cansado!

– E os outros? – interrogou Roberto, olhando para o casebre abandonado onde os corpos dos amigos permaneciam adormecidos.

– Virão depois – garantiu-lhes Tributus.

Em segundos, os três voltaram à forma inicial. Então Elizabeth, Roberto e Armando reconheceram-se, cada qual, na forma perispiritual da atual encarnação. O guerreiro olhou para trás e projetou na tela mental as lágrimas de Sofia, Vitória e Carmela, derramadas por sua morte.

– Deixe-as, filho, por enquanto! – orientou-o Armando, acompanhando os pensamentos do recém-desencarnado. – Outros dias virão, quando nos reencontraremos. Esta é a Justiça Divina.

O belo moço, de cabelos negros e olhos verdes, partiu para outra morada na Casa do Pai.

Capítulo 6

O SILÊNCIO

HAVIA UMA EXPRESSÃO DIFERENTE no rosto de Elizabeth. Quem primeiro percebeu a mudança foi Vitória, em razão da afinidade entre elas. Mesmo sendo inverno rigoroso, ela levantou-se muito cedo, trazendo um sentimento que não fazia parte de seu caráter. Vitória mirou-a. Ela, incomodada, interrogou-a:

– Por que me observa desse modo?

– Vejo muita tristeza. Contar-me-á ou será preciso implorar que o faça?

– Não sei se devo...

– Se há dúvida é porque a sua consciência a está impulsionando a tomar uma decisão.

– É o que estou tentando fazer... Decidir.

– Então, sentarei ali – apontou para uma cadeira na varanda. – Se precisar de mim, é só chamar.

– Não funciona assim. Deixe-me refletir sozinha. Cuida dos seus afazeres, quando sentir que posso, chamo-lhe. Certo?

Breve tempo se passou e Marta aproximou-se de Elizabeth, reacendendo em sua memória os fatos da noite anterior.

– Que melancolia! Que dor! Creio ser a saudade de um tempo que vivi e não me recordo – murmurou consigo mesma.

– Tudo na natureza evolui e nada permanece estacionado – esclarecia Marta. – É preciso que ocorram as mudanças para que haja crescimento, e, às vezes, é na dor que mais aprendemos.

Ela sentiu a presença do espírito amigo. Depois entrou em casa.

– Preciso contar algo que, para mim, é muito difícil, tanto que não sei como começar.

Vitória espantou-se com as palavras da irmã. Pressentiu que realmente algo de muito grave havia acontecido. Só não imaginava que fosse tão preocupante.

– Peço compreensão e não me julguem mal. O que tenho a dizer é muito grave.

Lourdes aproximou-se da filha e fê-la sentar em uma cadeira próxima à do pai, imaginando que viesse precisar de ajuda.

– Conte-nos, filha. Somos a sua família. Claro que saberemos compreendê-la – confortou-a.

– Ontem, durante o sono – iniciou a menina, que, de temor diante do que revelaria, transpirava em abundância, mesmo sendo inverno –, vi-me em outro plano. Não sei como isso aconteceu. Mas de repente eu não era eu, ao tempo em que eu era eu. Caminhava em uma floresta densa igual a nossa, mas fria. Talvez fosse impressão minha. Era noite e não usava agasalho...

– Como dormia aqui e caminhava em uma floresta distante ao mesmo tempo?! Passou a noite inteira conosco. Não saiu hora nenhuma!

– Deixa a menina falar, Lourdes! Foi um sonho – interrompeu Rafael.

– ... Caminhava na floresta e avistei um grupo de homens

dormindo em uma cabana. Então, aproximei-me do local para identificá-los. De repente vi um deles vindo em minha direção. Conversamos. Depois nos abraçamos como velhos amigos; logo após, apareceu outro, que também não sei quem era, mas pressinto que fomos grandes amigos.

– Tenta lembrar-se de mais alguém! – implorou Vitória, aguardando pelo pior.

– Enquanto falávamos, observei que já não éramos os mesmos. O grupo agora era de familiares, nos quais reconheci prontamente as figuras de Roberto e de um homem mais velho que pareceu ser-lhe alguém muito querido.

– Armando! – exclamou Lourdes, já de olhos marejados.

Todos estremeceram, ao ouvir os nomes e a referência àquele que fora, na Terra, o pai de Roberto.

– E o que mais viu?

– Só isso.

Eles notaram que Elizabeth não contara o sonho por completo. Temeu revelar algo que assustasse ainda mais a irmã. Rafael percebeu a importância da revelação. Então implorou que tentasse recordar de algo mais, que talvez houvesse passado despercebido, mas a garota foi enfática:

– Não, pai! Não me recordo de mais nada.

Elizabeth pôs a roupa de frio e retornou ao quarto. Vitória mirava-a através da porta entreaberta, desconfiada de que algo houvesse sido omitido pela irmã.

– Filha! Foi somente um sonho. Quando ela se recordar do restante, certamente nos dirá; tem paciência!

O dia passou lento, sem grandes eventos. Quando a noite chegou, Vitória, ainda pensativa, rememorava cada palavra da irmã e voltava a lhe fazer perguntas. Cansada de repetir a mesma história, propôs-lhe algo diferente.

– Já que está tão interessada no assunto, amanhã iremos à casa da senhora Carmela. Desejo vê-la e contar-lhe o meu sonho.

Vitória impressionou-se com a proposta, mas não teve outra saída senão aceitar.

– Assim, talvez se lembre do restante do sonho.

– Como amanhã será domingo, pedirei para papai e mamãe nos acompanharem. Concorda?

– Muito bom. Será um domingo diferente!

– Pedirei para Ambrósio avisá-la. Assim não chegaremos de surpresa, apesar de ser quase impossível não a surpreender.

Elizabeth virou-se de lado, dando a entender à irmã que o assunto encerrara. Ela, por sua vez, olhou para o teto esperando que algo mais fosse acrescentado.

– Irmã!

– Sim.

– Sei onde fica a igrejinha. A que abordamos outro dia.

– Também sei... Também sei!

Adormeceram.

No domingo, a família de Vitória chegou praticamente de surpresa. Carmela providenciou algumas iguarias para a degustação, não deixando a desejar em relação às outras vezes em que os recebera. Todos já sabiam que a Igreja reconquistara a Terra Santa. Isso foi motivo de comemorações; agora era só aguardar mais algum tempo, e os guerreiros chegariam vitoriosos.

– Valeu ter lutado! – exclamavam uns.

– É a glorificação de Deus e a salvação da Cidade Santa! – afirmavam outros.

Após longas conversas, sempre voltadas para os mesmos assuntos – os louros da guerra e o retorno dos filhos amados –, Elizabeth narrou o sonho que tivera. A situação piorou quando os membros das famílias de outras propriedades, ali reunidos, narraram suas intuições e também seus sonhos, deixando vir à baila as coincidências que existiam entre eles. A saudade os fez retornar para casa mais cedo do que o planejado.

Passaram-se poucos dias, e Malco, retornando da guerra, chegou à residência de Carmela, que esperava a todo custo não ouvir a verdade que tanto lhe assombrava. Imediatamente, ela solicitou a um servo que chamasse a família de Rafael para ouvirem a narrativa do único sobrevivente daquela travessia gelada e brumosa.

Malco contou-lhes que, ao retornar, os valentes guerreiros decidiram não mais seguir o percurso feito na ida. No entanto, fora um erro terrível a escolha; não conheciam o caminho, e o inverno muito rigoroso levou-os à exaustão. Então, dentro de pouco tempo morreram congelados. Os corpos foram sepultados pelos sobreviventes. Até que restara somente o soldado que narrava a história naquele momento.

Contou da tristeza em deixar os amigos para trás e da impossibilidade de trazê-los de volta. Sentia-se culpado pelo ocorrido. Os presentes isentaram-no de qualquer culpa e agradeceram-lhe por não deixar os filhos daquele vilarejo sem sepultura, correndo o risco de serem devorados pelas feras.

Carmela e Sofia demoraram a aceitar a verdade. Por meses preferiram conviver com a esperança de que tudo não passara de um sonho ruim. Em breve, despertariam com a voz do filho e irmão enchendo novamente aquele doce lar de alegrias.

Estavam ali Salústia e Fíngia, mãe e irmã de Arthur, nos tempos da Gália. Conviveram juntas por décadas no sítio próximo ao vilarejo, até que uma nova vida veio visitá-las, convidando-as a fazer morada em outra casa do Pai.

Roberto veio recebê-las nessa morada.

– Queria dizer das coisas belas que foram vistas por mim ao longo de minha trajetória, mas sei que isso gastaria tempo, pois, de tudo o que vivi, o maior aprendizado foi saber esperar, saber seguir pacientemente e tolerar. Tudo que se configura hoje de uma forma, amanhã será de outra, se evoluímos no modo de perceber a vida. Incrível como o tempo e o espaço não mudam! Quem muda somos nós, nossa maneira de trocar informação com o exterior, pois em nosso íntimo é que habita o verdadeiro ser. Findo minhas confissões com a certeza de que cheguei onde deveria chegar, por enquanto. No entanto, é preciso seguir para ligar-me a novo amanhecer, quando o Sol brilhante, chamado Cristo, iluminará mais ainda a minha consciência.

APÓS UM ANO, ELIZABETH casou-se com Malco na singela capela do vilarejo. Em outra existência eles animaram os corpos de Astrid e Átimus, reencontravam-se agora para seguirem juntos e alcançarem novas oportunidades de crescimento espiritual.

QUARTA PARTE

Confissões de Celeste

Questão nº 897

Merecerá reprovação aquele que faz o bem sem visar qualquer recompensa, mas na esperança de que isto lhe seja levado em conta na outra vida e que lá venha a ser melhor a sua situação? Esse pensamento não prejudicará o seu progresso?

Resposta

É preciso praticar o bem por caridade, isto é, com desinteresse.

O Livro dos Espíritos
Allan Kardec [50]

---

50. FEB, 4ª Edição, 2ª impressão, 11/2014. **N.A.**

Capítulo 1

AS IRMÃS POBRES

A FONTE NO CENTRO da praça saciava os sedentos, enquanto outros absorviam, na Igreja, o alimento do espírito. O coreto, com muitos degraus, servia de assento aos transeuntes cansados que por ali passavam. As pessoas viviam algo diferente na cidade; uma paz que não se verificava em outros lugares era sentida em Assis,[51] na região da Úmbria.

Em meio a esse clima, Celeste e as Irmãs Pobres recolhiam os alimentos doados pelos moradores e os colocavam sobre o veículo puxado por animais, que também lhe servia de transporte no percurso entre a cidade e o convento. O carinho que dispensavam aos moradores era gratificante. Estacionavam o veículo à porta das residências e dirigiam-se aos moradores para recolher os donativos.

– Celeste! Aquela senhora vem com alguns cestos... Receba-os! – bradou Pacífica, enquanto apanhava outro cesto com pães e agradecia a nobre dama que, sorridente, estendia-lhe o donativo.

---

51. Cidade da Itália, berço de São Francisco e Santa Clara. **N.A.**

– Deixe-me ajudá-la, Pacífica. E não leve tanto peso crendo que a juventude é capaz de tudo!

– Pães não são pesados, Gasdia! E você é tão jovem quanto eu.

– Aquela senhora não é da família de Bernardo de Quintavale? Muito se fala que ela queria ver o filho casado, a casa cheia de rebentos, enquanto ele preferiu seguir ao pai Francisco[52] – o comentário de Celeste fê-las parar o trabalho por instantes.

– Sim. Quando uma chama acende, ilumina toda a casa. Não existe luz que brilhe e não encante aos seres que a vejam! – falou Pacífica, pondo as mãos na cintura, como a confirmar que poderiam dar uma trégua ao trabalho para observar a transformação das famílias de Assis.

– Não será por isso que ela sempre nos é gentil? No início, contam os primeiros da Ordem, ela não aceitou a escolha de vida do filho; mas, como ele possuía muitas posses e sentia-se independente, doou tudo o que tinha e fez voto de pobreza.

– E quem diria que Bernardo teria esse gesto! Ele divertia-se em lautos banquetes, embriagava-se constantemente. Na guerra contra a Perugia, destacou-se entre os outros guerreiros. Pai Francisco, certa vez, contou-nos que ele dominava a espada e a lança magnificamente bem.

– Bernardo era, antes de servir ao Cristo Pobre, portador de grandes habilidades e força interior. Por isso, Deus o convocou para o seu Exército. Qual o bom administrador que não deseja para si os melhores servos?

– Fala com sabedoria, Pacífica...

Nesse instante, uma senhora aproxima-se, traz no rosto o desprezo pelas Irmãs.

---

52. Amigos e adeptos da Ordem Franciscana e das Clarissas chamavam carinhosamente Francisco de pai. **N.A.**

– Muitos falam da amizade entre vocês, Irmãs e franciscanos. Mulheres e homens alimentando-se juntos e dividindo o mesmo espaço! Será isso aceito por Deus? Onde está a moral evangélica em tal atitude? O Altíssimo aprovaria esse tipo de vida? Vocês esforçam-se para aparentar perfeição, saem às ruas pedindo donativos para alimentar vagabundos que poderiam muito bem estar trabalhando! Afirmam amar a Jesus... Mas o nosso Mestre deseja esse sacrifício? Não estariam, ao contrário, viciando pessoas na arte de esmolar?

Gasdia e Celeste quiseram responder, mas Pacífica antecipou-se:

– Senhora, ao tempo cabe responder as suas perguntas. Toda tentativa de responder-lhe será mera especulação de um futuro que somente Deus sabe revelar. Por ora, temos objetivos diferentes e não somos nós a defini-los. Vivamo-los!

– E quando a noite vem, e ninguém é testemunha, será que mantêm essa atitude de pureza? Não são todos vocês amigos inseparáveis? Nessa hora por que se separariam?

– Senhora!!! – interveio frei Bentevenga que, aproximando-se, ouviu o último questionamento da senhora. – As Irmãs Pobres não dividem o mesmo espaço conosco. Vivemos no alto da montanha, temos ali o nosso abrigo, enquanto elas vivem no Mosteiro de São Damião.

– Muito rápida a sua resposta – insistia a senhora. – Parece que a tem guardada para esta hora. Como o Bispado de Assis não se manifesta nem a favor nem contra essa Ordem, prefiro também me calar. Afinal, não veem porque não querem, pois é visível a imoralidade.

As palavras feriram os sentimentos das Irmãs e silenciaram o frei Bentevenga. Clara, vindo repentinamente, atravessou a cena sem perceber o ocorrido, e seguiu correndo e sorrindo alto.

– Venham! Chegam mais donativos das outras ruas... Assis está em festa! Pai Francisco vem de longa viagem!

Todos correram, deixando a mulher com suas dúvidas e maledicências.

Elas exerciam a tarefa com dedicação. Trazendo no rosto, ao mesmo tempo, a delicadeza das finas pessoas da nobreza junto à simplicidade dos humildes. Foram donzelas prometidas em casamento ou meninas arredias. Hoje viviam momentos diferentes. Almejavam alcançar a confiança da Igreja e a segurança que buscavam junto a ela. Para tanto, cultivavam a comunhão com Deus.

Para elas, Jesus era a renovação espiritual. Era a busca perene por transformação, a qual deveria ser cultivada no pensamento. Talvez temendo voltar à vida do passado ou perderem-se em direção a essa nova proposta, elas lutavam no presente para adquirir virtudes e, assim, ter um futuro seguro.

– Aquela é Clara! – observou uma moradora. – Corre como uma louca pedindo alimento nas ruas para dar aos mendigos. Quando criança, deixava de alimentar-se para doar aos famintos. Se Bernardino Favarone lhe tivesse *botado cabresto*,[53] certamente ela teria se casado, pois já estava prometida.

Bernardino Favarone era o pai de Clara e, por exigência da mãe, deixava a filha correr Assis inteirinha praticando a piedade.

– Hortolana Favarone! Se você não tivesse insistido tanto para que eu a deixasse livre, fazendo o que desejava, Clara não teria encontrado esse vagabundo chamado Francisco, e hoje estaria casada, que era a minha vontade.

Hortolana calava-se. Se se indispusesse com o marido so-

---

53. A expressão faz parte da cultura nordestina (região Nordeste do Brasil), e significa "Controlar alguém". **N.A.**

bre o assunto isso não teria fim. E o casamento transformar-se-ia em uma guerra.

– Teria sido um lindo casamento se ela não tivesse fugido... – murmurou outra moradora, baixinho, para não ser ouvida pelas Irmãs.

– E não teria cortado o cabelo, nem se refugiado na Igreja da Virgem Maria, a Porciúncula,[54] nem se protegido sob o manto dos franciscanos.

– Nem Monaldo Favarone deu jeito na determinação da jovem Clara!

Os comentários eram ventilados aos montes, ninguém segurava a língua daquele povo. Também Assis não haveria de ser povoada somente por seres perfeitos!

– Celeste, vai! Apanha aquelas frutas! Gasdia, veja! Aquele senhor está nos doando pães. Pacífica, não se esforce demais! Alguém já deve ter-lhe dito isso hoje... Frei Bentevenga, estimado amigo, estacione a carroça mais próxima de nós!

Nesse instante, o tio de Clara surge à janela da casa.

– Devassos! Arruaceiros! – grita Monaldo Favarone a todo pulmão. – Vivem de esmolas quando poderiam desfrutar das benesses que o dinheiro dos pais pode lhes proporcionar...

– Tio Monaldo, desça! Junte-se a nós! Pai Francisco vem de longe e chegará em breve! Faremos grande banquete na floresta. Convide nossa família!

Clara sorria, enquanto convidava o tio. Os demais servos pararam seus afazeres e os vizinhos saíram às sacadas para observar a resposta do homem sisudo.

– Se fosses minha filha, teria trazido você à força na noite

---

54. Situada na fracção comunal de Santa Maria degli Angeli, é uma pequena igreja nos arredores de Assis, atualmente foi construída a Basílica de Santa Maria dos Anjos, que a envolve completamente, para protegê-la. **N.A.**

em que fomos buscá-la no mosteiro de São Damião. Ali não teria ficado nem um único dia. Mesmo sem cabelos...

– Tio, não se exaspere! Os cabelos que cortei se foram, e outros já nasceram. Não são dos cabelos que Jesus gosta, mas, das almas.

Todos riram, deixando Monaldo vermelho, que se internou na casa, batendo a porta da sacada, de forma violenta.

Quando saíam de porta em porta pedindo um pouco de alimento, bem de perto eram seguidas pelos frades. Eles agradeciam também a ajuda. As senhoras, damas ricas da sociedade, aproximavam-se com cestos cheios de diferentes iguarias, para doação. Muitas delas possuíam filhas ligadas àquela Ordem Religiosa, que fora implantada pelos jovens de Assis.

O momento mais difícil na vida delas estava sendo superado, quando começaram a conversão e reconheceram que era necessário avançar rumo ao Cristo. Para tanto, também era preciso abdicar das coisas consideradas importantes e de caráter urgente, por proporcionarem o prazer momentâneo, mas retardarem o crescimento espiritual.

– Hoje foi muito farto! – exultava Celeste, depositando os gêneros doados sobre a mesa da cozinha do Mosteiro. Voltou-se para apanhar mais donativos na carroça.

Um pouco triste, Clara sentou-se. Celeste voltou.

– Não se sente bem? Algo a aflige?

– Estou bem! Não tenho idade para ter problemas de saúde tão graves. É somente uma tristeza.

– E por que essa tristeza?

Clara via suas amigas sobrecarregadas com o trabalho e angustiava-se, já que os frades, proibidos de entrar no Mosteiro, deixavam a carroça à frente da porta e seguiam para outros afazeres.

– Ao trabalho! Ou Gasdia e Pacífica morrerão carregando todas essas coisas!

Nesse instante, aproxima-se da porta um vulto, tendo o corpo coberto por um manto, além do longo vestido que lhe descia até os pés.

– Posso ajudar em algo? – disse a figura desconhecida.

As servas estremeceram ante sua presença.

– Se desejar, pode nos ajudar a descarregar os alimentos – respondeu Clara, juntando todas as forças. Estava muito amedrontada.

– Não posso, filha! Entrego um pouco de dinheiro para comprarem o que falta para a recepção de Francisco.

A senhora falou e saiu discretamente, sem aguardar resposta.

Quem pegou a pequena bolsa foi Celeste, interrogando:

– Por que não apanhou o dinheiro, Clara? Não é bem-vindo?

– Não! Não é isso! Claro que é bem-vindo. Foi somente...

Gasdia e Pacífica correram para segurar Clara e não a deixar cair.

As duas levaram a Irmã até a cadeira mais próxima.

– Diz-nos, de vez, o que acontece? – insistiu Pacífica.

– Penso ter sido a voz de Monaldo, meu tio. Desde o dia em que ele e meu pai foram à Porciúncula exigir que Francisco me expulsasse da Ordem e que eu voltasse para casa, para então cumprir com a promessa de casamento, nunca mais o tinha visto. Vê-lo, no dia de hoje, causou-me profundos transtornos na alma. Com muito custo terminei a tarefa, na cidade.

– Então, venha deitar-se!

As servas passaram a noite se revezando na vigília. Clara era uma jovem de pouco mais de 20 anos. De fato, o encontro com o tio atordoara sua alma sensível, pois sempre exalava alegria e saúde por onde passava. Não era de se queixar do trabalho ou estado orgânico.

Capítulo 2

O LABOR

A NOITE FOI TRANQUILA. No dia seguinte, cedo, elas acenderam o forno e deram início ao preparo dos pães. Segundo informação do frei Bentevenga, Francisco pouco demoraria. Vinha da cidade do Cairo, percorrera a região do Egito e conhecera Jerusalém, na antiga Judeia. O povo estava ansioso para ouvi-lo contar suas histórias. Contudo, antes teria de embriagar os servos franciscanos e as Irmãs Pobres com sua sabedoria e gestos simples. Dessas horas de espera todos contavam os minutos.

Clara fez a prece matinal.

– Ó Senhora Pobreza! A manhã se inicia e já se encontram à nossa porta uma grande quantidade de mendigos em busca de alimento. Acompanhe os nossos atos, alimente a nossa alma. Ó Cristo Pobre! Vigie os nossos olhos, dirija nossas ações, abrande nossos ouvidos.

Entre o preparo de uma massa e outra de pão, Clara parava e pensava em algo, ficando naquela situação por instantes, enquanto Celeste não tirava os olhos dela.

– Clara – iniciou Celeste –, se não nos contar o que de fato está acontecendo, teremos de chamar o facultativo!

– Vocês se recordam da senhora que veio ontem, após a coleta dos donativos, que se encostou ao umbral da porta e nos deu certa quantia em dinheiro?

– Claro! Isso aconteceu ontem! Como poderíamos esquecer?! – falou Pacífica, com riso nos lábios.

– Aquela era minha mãe.

– Como??!! – estarreceram-se as Irmãs Pobres.

– Verdade. Ela cobriu-se com vestes longas para que os moradores de Assis não a reconhecessem, mas a mim ela quis revelar-se.

– Como, Clara? – insistiu Celeste. – Você viu o rosto dela? Por que nós não o vimos?

– O anel no dedo era o anel de casamento de minha mãe. Jamais esquecerei aquela joia! Desde o berço o sinto, quando ela me apanhava para amamentar. Cresci com ele pressionando-me. Beijei-o milhares de vezes.

– Que ela fazia aqui? – indagou Pacífica, que conhecia a senhora Favarone, perplexa por não tê-la reconhecido.

– Hoje mamãe é uma mulher solitária. Papai já não está mais conosco neste mundo e, brevemente, Beatriz, minha irmã, também buscará novos rumos.

Abriram a porta do convento e depararam grande multidão. Os mendigos empilhavam-se e entre eles destacava-se uma jovem sorridente.

– Irmãs Pobres, deixem-me ajudá-las! Chamo-me Cristiana.

– Pois entre, Cristiana! E antes de dedicar-se aos pobres, veja com Filipa em que pode servir na casa.

– Por que não começo servindo aqui, na rua, alimentando os mendigos?

– Porque é melhor servir ao próximo quando temos a certeza de que não precisamos ser servidos. Uma vez satisfeitos com a fé, com o amor e com a realeza de Jesus, estaremos aptos a olhar nos olhos do outro sem humilhá-lo e sem exigências desnecessárias.

A moça entrou, conduzida por Filipa.

– Celeste, converse com o moço que ficou parado de pé enquanto Cristiana entrava no mosteiro! Explique nossas regras. Se ele for o pai dela, alerte-o de que sua filha morreu para o mundo secular, mas renasceu para Jesus!

Outras viriam em breve e não seriam recebidas de modo diferente.

Entre aqueles, muitos rapazes ajudavam no trabalho de distribuição dos alimentos aos pobres, na rua, em frente ao convento. Alguns seriam futuros franciscanos, outros se desiludiriam e voltariam aos afazeres ditos humanos.

– Apanhe somente um pão, senhor! – orientou Celeste. – Hoje temos muitos necessitados e não sabemos se poderão repetir a refeição. Meu cesto, que continha mais de trintas pães, agora está praticamente vazio e não alimentamos nem metade do povo.

– Celeste! – falou Clara, chamando-lhe a atenção. – Ponha o seu cesto sobre a pedra e venha cá!

Celeste pôs a tampa do cesto e seguiu em direção à amiga.

– Não duvide da bondade de Deus. Se Ele desejar, todos comerão quantas vezes forem necessárias.

Ela entendeu o otimismo e a confiança de Clara e então voltou à atividade. Quando suspendeu o cesto, sentiu-o mais pesado. Abrindo a tampa, viu que estava novamente cheio. Havia mais de trinta pães![55]

---

55. É sabido que uma grande preocupação de espírito, bem como a atenção fortemente presa a uma coisa fazem esquecer a fome. Ora, os que acompanhavam Jesus eram criaturas ávidas de ouvi-lo; nada há, pois, de espantar em que, fascinadas' pela palavra e também, talvez, pela poderosa ação magnética que ele exercia sobre os que o cercavam, elas não tenham experimentado a necessidade material de comer... Simultaneamente, ministrava aos referidos

Assim alimentaram todos os mendigos, e quem quis repetir a refeição não foi impedido, mas incentivado a acreditar que nos cestos havia o quanto fosse necessário para o sustento de todos.

Iam retirando-se, e Gasdia demorou-se um pouco. Praticamente todos haviam se dispersado, e as Irmãs Pobres retornavam ao Mosteiro. Somente Gasdia ali ficou, olhando para um jovem de feições belas, filho de rico mercador de Assis. Depois, ela acompanhou as demais.

Encontraram Cristiana, sentada, descascando batatas.

– Quantas batatas eu terei de descascar para ter direito a auxiliar vocês na caridade?

– Quantas batatas existem em uma plantação de dez hectares? – perguntou-lhe Clara.

Cristiana pensou e, como não sabia a resposta, somente sorriu.

– Também não sei quantos dias serão necessários para a sua transformação. Tem coisa que somente Deus sabe contar. Por enquanto, trabalha!

Os dias passavam, e Clara notava a diferença em Gasdia. Nas preces, clamava para que todas observassem os próprios sentimentos. Fizessem uma leitura dos atos para agir conforme o solicitado pelo Cristo. Mas se a vontade de atender ao oferecido pela vida lá fora fosse maior, incontrolável talvez, então era melhor mudar os planos de vida.

– Deus não quer sacrifícios que estão acima de nossas forças nem martírios do corpo que muito nos maltrata a carne e pouco evolui o espírito. É preciso refletir sobre nossos desejos,

---

discípulos em ensinamento, com o lhes dizer: "Dai-lhes vós mesmos de comer." Ensinava-lhes assim que também eles podiam alimentar por meio da palavra. Em *A Gênese*, FEB, 53ª edição – 1ª impressão (Edição Histórica) 6/2013, capítulo XV, item 48. **N.A.**

conhecê-los. Os martírios devem vir pela vontade da alma, não pela força da carne!

Enquanto lavavam as roupas, Gasdia revelava seus planos a Celeste.

– Quando tivermos tempo, talvez durante a folga de nossas atividades, quero passear um pouco por Assis, não para pedir alimentos, atividade que agora me fadiga muito...

– Não tenho conhecimentos dessas folgas nem se poderemos sair do Mosteiro e experimentar atividades lá fora. Também não há necessidade.

– Pois creio que há. Viveremos essa monotonia para sempre?

O testemunho de Gasdia deixou Celeste pensativa e, consequentemente, cresceu a vontade de observar de perto a Irmã.

Novamente a senhora que fez a doação do dinheiro, dias antes, reapareceu durante a partilha dos pães. Em uma manhã de sábado, sentou-se sobre uma pedra e observou o trabalho das Irmãs Pobres. As Irmãs agora olhavam diretamente para as mãos da desconhecida, buscando confirmar se de fato o anel figurava em seu dedo.

Em uma das vezes, estava acompanhada por outra pessoa, que deu a entender ser também uma mulher. Quando partiu, seguiu sozinha, ficando a pessoa sentada na pedra. Clara aproximou-se e, como se imaginasse quem era, convidou-a a entrar sem sequer tirar-lhe o véu.

A curiosidade castigava as Irmãs. Cristiana foi a primeira a questionar.

– Caso precise de nossa ajuda, disponha. Mas pedimos que tire o véu e se revele para nós.

Antes de a desconhecida agir de tal modo, Clara esclareceu.

– Esta é Beatriz, minha irmã carnal. Mamãe veio deixá-la conosco, para que também sirva ao Cristo Pobre.

Beatriz retirou o véu e falou sobre a felicidade de estar ali.

Sob o brilho prateado da irmã Lua, elas festejaram com alegria, ao tempo em que o medo as visitava, lembrando da enorme responsabilidade de ver a irmandade crescendo a cada dia. A necessidade de criar a Bula, com regras morais para nortear o futuro da Ordem, agora era urgente, e fariam essa atividade com a ajuda do bispo de Óstia, cada uma contribuindo com a opinião que melhor manifestasse as necessidades das Irmãs Pobres.

Capítulo 3

AS VERDADES DO ESPÍRITO, AS NECESSIDADES DO CORPO

ATRAVESSANDO AS GRADES DO Mosteiro, o sol clareou a pequena Igreja de São Damião, lugar onde Francisco afirmou ter visto a mãe do Cristo Pobre, Maria Santíssima, e conversado com ela e recebido dela as bênçãos para exercer a sua missão.

Francisco cultivava a simplicidade, mesmo diante das várias tentativas de alguns frades de transformar a Ordem em mais um segmento que tinha por preferência os bens da matéria, em detrimento ao voto de pobreza exemplificado por Jesus.

Ele dormia na floresta, entre os animais e sentindo o frescor da natureza; trazia sua doutrina na mente, e a determinação de amar e perdoar, de servir e cuidar do outro. Não desviava de si a vontade de permanecer em paz com os princípios abraçados, uma vez que coincidiam com os relatos do Evangelho.

Nunca fora vaidoso ou se fixara nos atrativos deste mundo. Esse tempo havia passado; recobrá-lo, não mais. Agora, era desse ponto para frente, junto às cotovias amigas, aos hansenianos, aos aflitos pela violência e ao povo oprimido pela força do poder dos mais fortes.

Possuía convicções as quais somente ele sentia, e ninguém sabia onde as buscava.

– O sol que nos ilumina traz em si os maiores exemplos de igualdade e amor. Pois trata a todos sem diferença. Não se nega a ninguém, doa-se sem nada pedir e valoriza a vida que existe em cada ser.

O astro era seu fiel companheiro. E o fato de nascer e morrer todos os dias fazia-o refletir.

– Sempre haverá novos dias!

Uma mensagem permanecia na mente, vinda de Deus.

– Siga em frente! A cada dia o seu dia, e a cada noite a sua noite, pois ambos possuem o direito de existir com seus significados. O dia resplandece a vida, iluminando-a de luz pura; a noite se cala na obscuridade para proporcionar momentos de reflexão e repouso. São as diversas situações da vida apresentando constantes mudanças, tão necessárias ao crescimento espiritual. Quando vês a noite, fazes analogia com as dificuldades da existência; contudo, quando o dia chega, dizes ser a alegria. Cada um com a sua importância, com o seu modo próprio de existir, intercalando-se na continuidade do Cosmo, proporcionando um novo recomeço, sempre. Provando que tudo tem começo e fim, quando se observam diminutos trechos, quando se perscruta com os olhos da matéria, quando se crê em pequenas partes e não no todo; mas é eterno, se se mira com os olhos da alma.

Assim era Francisco, o Sol que brilhava nos corações e reconstruía todos os dias novos despertares na mente do homem e da mulher, com palavras e ações, plasmando possibilidades diferentes, visando o crescimento. Imperceptível nos primeiros instantes, aproximava-se, suavemente, para não assustar. Depois, penetrava o interior do ser, para, em seguida, dominá-lo por inteiro e serenar os sentimentos contrários ao amor e à caridade, envolvendo-os de sentimento cristão.

Quando menos se esperava, esse sol chamado Amor, vestido de Francisco, descia sobre os montes, adentrava as mentes e arrebatava as almas ao Crucificado.

Era um domingo e as Irmãs se encontravam festivas quando Francisco entrou na Porciúncula, acompanhado pelos freis Boaventura, Bentevenga, Leão, Marcos e Ângelo, para consagrar Beatriz à Ordem das Irmãs Pobres.

Após a leitura de trechos do Evangelho, Francisco tomou da tesoura e cortou bem curto e em forma circular os cabelos da Serva. Em seguida, foram pronunciados os juramentos de amor e devoção ao Cristo.

Filipa entregou a ela três túnicas brancas e um manto, as roupas de antes foram dispensadas. Clara falou de sua alegria, e disse que ali ela encontraria os ensinamentos de Jesus no seu mais puro viver, na sua mais sublime forma de senti-lo e pensá-lo.

Após a cerimônia, quando teve oportunidade, Clara revelou a Francisco que Gasdia, uma das cinco Irmãs que ele indicara para a clausura, apresentava comportamento diferente.

– Irmã Clara! Recordo-me o dia em que as trouxe até aqui, e pedi que as aceitasse sob sua orientação. Com sinceridade, confesso não saber de onde veio, disse-me que somente receberia quatro delas, porque a quinta, Gasdia, não duraria por muito tempo, e de fato agora me revela que suas impressões estavam certas. Então, deixa que ela se vá, mas antes aconselhe a Irmã a repensar a atitude, pois deverá ser definitiva.

Assim, com a retirada dos freis, elas deram continuidade ao preparo dos alimentos que seria distribuído aos famintos de Assis.

– Senhora Clara, não temos mais azeite – revelou frei Bentevenga.

Clara apossou-se de um frasco de azeite vazio, lavou-o bem lavado, depois o pôs sobre a parede lateral da cozinha para que Bentevenga o fosse enchê-lo.

Decorrido certo tempo, separando as frutas, Bentevenga apanhou o frasco para, então, seguir as ordens da Irmã. No entanto, o frasco já estava cheio, e o azeite tinha um frescor e sabor sem igual.[56]

– Ninguém o apanhou dali nem o levou a outro lugar!! – concluiu Bentevenga, abismado, enquanto Pacífica o acompanhava nos questionamentos.

Como de costume, elas seguiram à tarefa de alimentar os famintos de Assis, também conversavam com eles sobre o Evangelho, dizendo da importância de seguir Jesus como modelo.

Novamente Clara percebe a atração entre o rapaz desconhecido e a Irmã Gasdia. Após os trabalhos daquela manhã, e respeitando os sentimentos da Irmã, ela chamou Celeste para testemunhar o diálogo.

– Penso que deseja me dizer algo, Gasdia – abordou Clara, a irmã, com calma, mas visando extrair dela os sentimentos velados.

– Estive conversando cautelosamente com outra Irmã. Não sei se agi certo, pois poderia ter confessado primeiro à senhora os meus pensamentos...

– A quem os confessou primeiro?

---

56. Os milagres não existem na concepção comumente empregada a este termo. Segundo Léon Denis, no livro *Cristianismo e Espiritismo: provas experimentais da sobrevivência*, isso seria uma postergação das leis eternas criadas por Deus e, para Francisco Cândido Xavier, no livro *Dicionário da Alma*, seria o coroamento do mérito, mas nunca derrogação das leis naturais, que funcionam, igualmente, para todos. **N.A.**

– A Celeste.

– Então fizeste bem, pois ela é sua orientadora. E o que a mim deseja confessar?

– Estas paredes guardam a singeleza das almas mais puras, a sabedoria daquelas que souberam escolher o caminho do pai Francisco, e confesso que muito me atraiu, mas creio que foi somente nos primeiros instantes, talvez pelo modo diferente de vida e pelo encanto da doutrina aqui professada. Contudo, um jovem, que sei que o percebeu, muito me encantou. Como servir a dois senhores?

– Não pode! Está aqui por escolha de vida, por vontade própria, ninguém te impôs, mas se está é preciso seguir regras, e entre elas está o abandono do mundo secular, aquele que já não nos serve mais, para servir somente ao Cristo.

– Conheço as regras e sei a importância de cada uma para nós, mas não consigo viver de tal modo. Por que, de que me serve estar presa entre estas paredes, se meus pensamentos vagarem livremente por caminhos lá fora?

– Não deve ceder a tal sacrifício! Peço-lhe somente que dê a você mesma um tempo para refletir um pouco mais, para que não venha a fazer algo do qual se entristeça depois, porque a decisão que está prestes a tomar não terá retorno. Ainda hoje, confesse-se com frei Bernardo! Pedirei a frei Bentevenga que o chame; ele a acompanhará em sua decisão. Durante o período de reclusão total, não verá a ninguém. Se após isso, persistirem os mesmos desejos, então faremos do modo que achar mais correto.

Após um mês, os pais de Gasdia vieram recebê-la de volta no Mosteiro das Irmãs Pobres, e, passado um ano de noivado, ela se casaria na Igreja da Virgem Maria, para viver uma vida feliz ao lado do marido, sob as lembranças dos ensinamentos cristãos.

A mesma mulher de vestido longo, que Clara afirmava ser sua mãe, apareceu certo dia sem nenhum manto que ocultasse sua face. Pediu, então, permissão para entrar. Após a permissão, ali ficou, como uma das Irmãs Pobres, saindo somente após a morte.

Certa vez, dona Hortolana chamou as filhas, Clara e Beatriz.

– Filhas! Como fiz opção de viver aqui, é necessário vender os bens da família, dando-lhes um destino. Preciso saber o que farão com a parte da herança de vocês.

– Doaremos, mamãe. Não precisamos de nada, temos tudo.

Ao ouvir da boca de Clara o desprendimento dos bens terrenos, a matrona, agora Irmã Pobre, comentou com as demais Irmãs.

– Quando trazia Clara em meu ventre, diante da imagem da Imaculada, ouvi uma voz: "Trará ao mundo uma luz capaz de iluminar toda a humanidade."

Capítulo 4

UM POUCO DE CELESTE...

A CLAUSURA DE CLARA acontecia entre o povo da comunidade próxima. Não permitia às Irmãs viverem completamente isoladas do mundo, dos fatos, sem participar das mudanças que ocorriam na sociedade. Certa vez, atravessando a floresta em busca dos enfermos, Celeste lhe falou:

– Queria revelar toda a felicidade que encontrei ao chegar aqui em Assis, mas me faltam meios. Nossa língua não contém adjetivos e substantivos para tanto. Queria também dizer o quanto a experiência de viver no mosteiro tem me transformado, feito de mim uma pessoa mais disposta a servir. Tudo só foi possível porque acreditei, porque desejei que fosse assim, porque não esperei que outras pessoas fizessem por mim. Contudo, faltam-me palavras, faltam ideias, faltam sentidos.

– É difícil falar dos dons espirituais quando estamos limitados! É como o sol visto por aquele que tem a visão prejudicada; somente a penumbra o alegra – esclareceu Clara, levando, juntamente com as outras Irmãs, os cestos de alimentos.

– Assim me sinto, tentando manter a mensagem divina em mim, para não vacilar, nem mesmo em pensamento.

– Não se torture, Celeste. Nossos pensamentos são assim mesmo, desobedientes; vagam a esmo como se fossem únicos proprietários da verdade, quando poderiam ser mais disciplinados. Não tente limitá-los; deixem-nos passar rapidamente. Outros virão, mas somente agarre-se àqueles que te conduzirão a uma morada melhor.

Além dos mendigos, à porta do mosteiro, havia outros, isolados de tudo e de todos. Viviam banidos da sociedade: os hansenianos. As Irmãs Pobres visitavam-nos constantemente, levando pão material e espiritual, garantindo-lhes momentos de descontração. Muitos viviam os instantes finais.

As Irmãs partiam do ensinamento cristão de que todos são responsáveis pelos sofredores, indistintamente.

Um dia, apareceu no mosteiro uma mulher de veste muito glamorosa, pele macia e bela, coberta por joias caras. Percebia-se que não era de família nobre, mas uma senhora de vida faustosa, dada às paixões do mundo. Não lhes falou de sua condição sexual, mas o seu silêncio era muito mais carregado dessa informação do que as mil palavras que houvesse pronunciado. Ela deixou para as Irmãs valores amoedados muito altos; repetiu o ato inúmeras vezes, sempre partindo, logo em seguida, em silêncio.

Hoje, passados alguns anos, ela enviou um recado às Irmãs, falando dos fatos que, por mais que tentasse escondê-los, agora seria impossível, uma vez que trazia no corpo as marcas da doença, e, antes de ser jogada fora do bordel que a abrigava, deixou-o e foi morar nas cavernas; disse ela que aquelas moedas entregues no passado haviam sido donativos para o dia em que precisasse de amparo.

– Há pessoas que planejam e há pessoas que seguem à toa. Isso faz parte tão somente do modo como vivemos. Ensinou-nos Jesus a ter fé, amor, caridade, mas se também temos bens materiais, então é preciso pensar no outro – orientou Clara. – Ser feliz não é ser rico e indiferente; é ser nobre e capaz de servir ao próximo, indistintamente – continuava.

Naquele dia em especial, elas queriam encontrar a benfeitora, que nos momentos de riqueza lembrou-se dos pobres, e que agora precisava ser lembrada.

Chegando ao local indicado, aproximaram-se dos hansenianos. O olhar deles, esgazeado, comovia-as. Revirava seus sentimentos. Sentaram-se sobre uma pedra e, como um dia ouvira Francisco falar, punham-se a conversar com eles.

– Cristo é o amor encarnado na Terra. Quando esteve aqui, trouxe-nos ensinamentos a serem plantados no coração dos seres, dos mais simples e ignorantes aos mais cultos, dando-lhes oportunidade de colocá-los em prática. Foi Jesus quem pronunciou a palavra amor da forma mais intensa e profunda, pois o fez não por meio de letras mortas, postas sobre o papel, mas com ações que evidenciaram tal significado – falou Celeste um pouco do Cristo, antes de distribuírem os alimentos.

– Irmã Clara, como compreender Jesus se as pessoas nos tratam assim?! Somos abandonados de tudo, nada temos, a não ser a vida e vocês – questionou-lhe a bondosa senhora de outrora.

– Então, têm muito. Não chore ante a indiferença nem deixe que a tristeza ocupe em demasia o seu coração! É filha de Deus. O fato de possuir a vida prova isso. Só a tem por vontade d'Ele. Será muito pedir-lhe que se alegre com o sol que a aquece e nada lhe cobra todos os dias? Que mire as estrelas no céu e se delicie com uma delas como se fosse seu enamorado? Olhe esse córrego... Corre para onde desconhecemos, mas antes deixa um rastro de vida por onde passa. Crê, verdadeiramente, que o sol, as estrelas ou o córrego cobrem algo de Deus para fazer isso? Que, se Deus se negasse a atender os seus pedidos, eles deixariam de deitar sobre nós suas benesses? Não faça somente se lhe derem; faça com devoção, para receber com devoção. Maior do que todos os astros que citei é o homem, pois sabe do amor e pratica a dor, conhece o bem e fala do mal, diz palavras sublimes, mas pensa naquilo que vai ao contrário. Refaça os seus atos e palavras, para que a vida refaça os dela em relação a você. Suporte com resignação o que lhe passa hoje e transforme momentos ruins no bem! Aqui, neste recanto de paz e luz em que se encontra, afastada dos sentimentos adversos que há no mundo, encontrará os elementos necessários para o seu reencontro com Deus.

Os diálogos eram travados com os enfermos enquanto as Irmãs Pobres limpavam os ferimentos, trocavam as ataduras e penteavam-nos. Alguns choravam de emoção; outros oravam para não as contaminar com a doença.

Em outro ponto, uma enferma questionou:

– Celeste! Eu possuía tudo. Filhos, marido, pais, irmãos, casas, animais, joias. No entanto, quando me viram com as manchas no corpo, abandonaram-me e tomaram tudo o que a mim pertencia. Para não morrer de fome, vim morar aqui.

– Então, honre o que tem! Tudo o que me falou que perdeu, de fato nunca teve, pois, o que tem, segue consigo aonde for. O que possui no seu coração é o que de verdade levará para sempre. Os que a abandonaram não o fizeram por querer; era o melhor que sabiam fazer naquele momento. Com o tempo farão de outro modo. É preciso perdoar e esperar. Respeite o que Deus lhe oferece hoje para merecer o mesmo respeito da vida. Perdoe aos que ficaram para trás na sua caminhada e ame-os; assim se sentirá livre para seguir a sua jornada. Se se prender aos sentimentos ruins, às lembranças do mal que praticaram contra você, então, ficará estacionada aí, no tempo e no espaço das ações, já que sempre está onde põe o coração, a confiança, a consciência.

As outras irmãs seguiam nos labores, enquanto ouviam Celeste, Clara, Filipa... Elas envolviam a todos na doação de energia regeneradora.

– Quando a tristeza me acompanha, sinto um ser de outro mundo aproximar-se e transmitir-me calma, garantindo-me tranquilidade. Afirma ser preciso somente paciência, porque, em breve, visualizarei um futuro melhor que no momento é-me desconhecido – continuou velha enferma.

– O futuro é algo que já começou, atravessa o presente e avança – elucidava Filipa, acrescentando: – Por isso, ponha em sua vida aquilo que deseja alcançar amanhã. Se tentar edificar uma vida sem Deus, apegando-se ao dinheiro ou ao rancor, quando precisar d'Ele, não O encontrará, uma vez que somente verá no seu mundo o que criou para habitar nele. Depois, inconsequentemente, dirá que o Criador fugiu de você, que a abandonou, quando, na verdade, não O colocou como prioridade em sua existência. Quando nos distanciamos do bem, temos que refazer o caminho, o constante aprendizado, a escada eterna da evolução que devemos galgar. A cada degrau, ganhamos nova visão de mundo e ampliamos a consciência cristã.

Eles meditavam nos ensinamentos, tentavam fixá-los na memória, para, na sequência, agir. Os enfermos, já asseados e alimentados, permaneciam por perto, enquanto os outros continuavam no atendimento. Os animais observavam o trabalho das Irmãs. Assim, todos participavam do banquete que era servido por meio daqueles ensinamentos.

– Não teria sido mais fácil para Deus criar-nos perfeitos? – perguntou um moço que aparentava ter sido muito bonito.

Celeste revelou-lhe:

– E de quem seria o mérito? Quais seriam as experiências adquiridas? O que iríamos narrar da nossa própria existência?

Seríamos seres perfeitos, mas, sem passado, sem momentos vividos, sem termos participado ou nos comprometido. Todavia, no caminho que nos leva à perfeição, surgem dificuldades e incertezas. Para superá-las, devemos ter fé. A fé tudo transforma para dar vida de modo diferente. Há uma distância entre aquilo que se tem fé daquilo que não se tem. Quando se tem fé, o fato torna-se real; quando não, deixa de existir. Se dissermos: "cremos!" Então cremos e viveremos essa crença; todavia, se dissermos: "não cremos!", então, não cremos e não viveremos a crença, porque ela passa a não existir para nós, porque não acreditamos nela. Mas isso não quer dizer que ela não exista verdadeiramente. Na maioria das vezes ela existe; todavia, não para nós, porque não acreditamos. Assim, deixamos de participar de coisas importantes que o Criador nos oferece todos os dias, por falta de fé.

Clara continuou o ensinamento:

– Também, amigo, temos que retirar de nós o sentimento de indignidade, de frustração, por não ter conseguido ou por ter feito diferente de como é posto pelo convencional. Não devemos julgar, pois não julgar é reconhecer que vimos em nós o que talvez o outro possua, por isso, melhor calar-se. No seu dia a dia, não negue o Cristo, não tente omiti-lo de seu coração, pois a ele pertencemos, desde sempre; tentar fugir é somente alongar a caminhada. Disse o homem ao discípulo Pedro no instante da negação: ...*Verdadeiramente, és também um deles, pois o teu modo de falar denuncia-te.* Revelando que, mesmo tendo-o negado, permanecia ligado a ele. Ponderação no falar, eis a grande sabedoria! Ponderação também no ouvir, disse o Cristo: *Ouçam os que têm ouvidos para ouvir!* Revelando, assim, que saber ouvir é algo que somente os sábios conseguem fazer. Cuidado no tocar, uma vez que uma mulher falou: *se tão somente tocar nas suas vestes, serei curada,* e, ao fazê-lo, de fato foi curada, dizendo-nos que é possível tocar o sagrado e retirar dele grandes virtudes. Então toca, mas educa esse tocar para que tenha vida em abundância, com grandes possibilidades de crescimento e avanço. Por último, olha! Como Saulo olhava o mundo, provocava guerra, morte, destruição. Quando ele educou o olhar na estrada de Damasco, o olhar de antes se modificou e a visão de Paulo passou a provocar paz, sabedoria, amor, e o elevou às glórias do Céu. *Senhor, que queres que eu faça?* Olhar o bem, olhar a vida, olhar o outro com olhar de irmão, com olhar de quem é amigo, olhar de pai ou de filho...

Aquelas últimas palavras silenciaram a todos.

Capítulo 5

COM JESUS

Corriam os dias, dedicados ao cultivo do amor ao próximo, como semente lançada pelo agricultor e cuidada diuturnamente para não se perder.

No leito de morte, Clara dava suas últimas orientações às Irmãs Pobres.

– O que nos falta é dar valor às coisas verdadeiramente santas. Acostumamo-nos em demasia a pôr valor nos bens materiais, olvidando as ações naturais. Qual o valor da vida de um ser? Qual o ser que não possui valor? Um pássaro custa quanto com seu canto, alegrando-nos o dia? As águas que descem a montanha e invadem cidades e cidades produzindo e transformando o solo têm valor? O olhar, as palavras, o gesto nobre de um amigo modifica-o. No entanto, quanto isso custa? Digam-me se possui valor um abraço, um riso, um afago! E um bebê que nasce, um astro que brilha, uma planta que floresce, possui valor? Esquecemo-nos de dar valor ao que realmente merece ser valorizado. Daí, hoje em dia, coisas serem mais importantes do que seres. Mas podemos voltar à escola da vida e refazer essa atividade, para reaprender o verdadeiro custo da obra divina. Somos os grandes economistas d'Ele, mas esquecemo-nos disso.

– Quando jovem – Filipa narrou – pai Francisco reconstruía a igrejinha de São Damião e, vendo uns pobres que por ali passavam, gritou: "Amigos, venham ajudar a reconstruir esse templo, pois muito em breve aqui virão habitar senhoras bondosas, servidoras do Cristo, e o mundo glorificá-las-á!"

Celeste chegou ali ainda jovem, conviveu pouco com Francisco, pois, nessa época, ele já havia partido para outra morada na casa do Pai; mas, junto a Clara, dedicou-se a servir os menos favorecidos. Narrava seu encontro com o Irmão Sol quando ele andava pela floresta, quando teve a oportunidade de ouvir dele palavras belíssimas que a transformaram. Essa história, repetia inúmeras vezes e felicitava-se em contá-la.

Tempos depois, foi a vez de Irmã Lua retornar à Casa do Pai, deixando às pupilas o dever de continuar a sublime missão: "Levar a todos os povos o amor cristão, incondicionalmente. Colocando, adiante dos desejos materiais, os exemplos de paz, fé e caridade!"

Celeste dedicou-se plenamente ao próximo e renunciou a tudo o que tirava sua atenção dos deveres a serem cumpridos. Humilhou-se, martirizou-se, enfrentou os próprios defeitos, buscou a luz no bem que praticou, serenou os pensamentos nos gemidos dolorosos dos que sofriam, enxugou as lágrimas no manto dos pobres e confortou a tristeza nos ensinamentos do Mestre que, por amor, fez da própria vida o exemplo do caminho a ser seguido.

Quando os anos avançaram brandamente sobre ela, quando o corpo cansado clamou por descanso, sabendo que seu único alento seria o trabalho contínuo, sentou-se na mesma pedra que um dia, em sonho, sentara-se ao lado de Clara para ouvir as pregações de Francisco. Avistou a lua, as árvores, as flores, e recordou-se da infância, da família, dos amigos.

Vinha sempre à mente o último abraço que dera em sua mãe e o beijo de amor que marcou o rosto de sua irmã. A subida na carroça, o aceno derradeiro ao funcionário do sítio que foi o seu guardião fiel. O pai, conduzindo-a para Assis, o sol banhando sua alma e o vento refrescando seus pensamentos. A descida do veículo, quando apanhou a maleta na qual trazia somente os pertences mais necessários. Rafael, batendo à porta da Igreja de São Damião. Antes que alguém viesse atendê-los, ela mirou-o e disse-lhe:

– Pai, de hoje em diante viverei somente para Deus e para os pobres do meu caminho. Não me chamarei Vitória; serei Celeste. Deixo no vilarejo da Toscana o meu passado. Continuarei amando-os e pedirei a Ele que me ensine a amar a imagem de Roberto como quem ama a um irmão. Adeus! Trago em mim o mundo que muito amei para aprender a trilhar a estrada que me levará ao Cristo.

Após esses momentos de reflexão, voltava ao Mosteiro e continuava nos afazeres diários. Quando se sentia cansada, em razão do peso da idade, não se abatia, pois possuía mansuetude e prudência nas ações.

Retirava-se nas primeiras horas do dia para alimentar os irmãos hansenianos, antes de alimentar-se. Ao final do dia, banhava e trocava-lhes as ataduras, para, somente depois, adormecer sobre a cama de madeira. Assim viveu até aqueles dias.

Em uma tarde, o sol já era posto, Celeste continuava sentada na pedra, admirando o firmamento. Os animais a acompanhavam. Como a noite avançou, recolheu-se; apenas uma coruja era-lhe fiel até o fim. Chirriava e travava com ela diálogos que somente ela entendia.

Naquele momento, havia terminado todos os seus afazeres; assim, meditava sobre o que Deus proporcionava aos Seus filhos, a beleza da natureza. Logo após, entrou no Mosteiro para a refeição noturna, um pouco de caldo com pedaço de pão. Unidas, as Irmãs Pobres oraram.

– Ó Santa Pobreza, das mãos do Criador viemos e a elas tornaremos. O que por Ele foi criado a Ele voltará. Simples chegamos, possuindo somente o amor da família, tendo os pais como protetores; depois, avançamos envolvidas pelo Cristo, para morrermos e apenas levarmos o que fizemos, o que dividimos. Conscientes de que em nossa alma deverá conter, entre muitos outros sentimentos sublimes, a paz e o bem.

Finalizaram a prece, emocionadas. Era uma noite calma.

Após o jantar, Celeste recolheu-se.

No dia seguinte, quando os primeiros raios de sol invadiram seu quarto, ela permaneceu sobre a cama. Na face, a serenidade; nos lábios, um riso de amor; no ar, as últimas palavras pronunciadas ao Cristo:

– Obrigada, senhor, por muito me amar!

Quando entrou na vida espiritual, recordou-se de que em outra existência fora Lídia, e nesta fora um pouco de Vitória e muito de Celeste. Uma mão lhe tocou os ombros. Era o moço esguio, de cabelos negros e olhos verdes.

– Vem, Vitória. Eu esperava por você! – disse-lhe Roberto, com os olhos marejados de lágrimas.

Abraçaram-se.

Marta, a protetora de Lídia/Vitória/Celeste, conduziu-a, enquanto outros protetores orientavam os demais membros daquele grupo familiar no caminho do Senhor.

A cortina do tempo fechou-se mais uma vez.

Porque há histórias que ainda não foram narradas nos livros nem se tornaram conhecidas, mas não deixam de existir nem de pertencer a Deus.

Marie Sophie

VOCÊ PRECISA CONHECER

Reflexões diárias de Blandina
César Crispiniano • Blandina (espírito)
Mensagens mediúnicas • 10x14 cm • 144 pp.

Na aflição dos dias atuais, o ser humano se agita ante as dificuldades atrozes e acaba agindo por impulso. Com o objetivo de contribuir para minorar esse quadro vivencial, *Reflexões diárias de Blandina* traz a motivação necessária para que o leitor pense na sua vida, nos seus sonhos – ou mesmo nos seus problemas atuais –, e reflita melhor sobre eles.

André Luiz e suas novas revelações
Luiz Gonzaga Pinheiro
Estudo • 14x21 cm • 184 pp.

Ao longo da série *A vida no mundo espiritual* a alma humana é profundamente dissecada. Como cada livro trata de um tema individual, Luiz Gonzaga Pinheiro escolheu 20, desdobrando-os e aprofundando-os para que cheguem ao entendimento do leitor sem muito tempo para pesquisa ou sem afinidade com a ciência.

O Evangelho de Maria Madalena
José Lázaro Boberg
Estudo • 14x21 cm • 256 pp.

Uma das personagens femininas mais fortes da literatura antiga, Maria Madalena sempre foi alvo de teorias, especulações e polêmicas. Mas o que dizem os outros evangelhos? Ela foi mesmo esposa de Jesus? Ela foi prostituta? Foi a verdadeira fundadora do Cristianismo?

Neste livro, José Lázaro Boberg busca reconstruir a verdade sobre Maria Madalena, a única mulher a ter um 'evangelho' com seu nome.

VOCÊ PRECISA CONHECER

O faraó Merneftá
Vera Kryzhanovskaia • John Wilmot Rochester (espírito)
Romance mediúnico • 16x22,5 • 304 pp.

O livro *O faraó Merneftá*, personagem que representa uma das encarnações de Rochester, autor espiritual da obra, nos mostra com grande veracidade a destruição que o sentimento de ódio desencadeia na vida do espírito imortal.

Vivendo na época de Moisés, um tempo de repressão e disputa pelo poder, as paixões exacerbadas de seus protagonistas provocaram tragédias que demandariam muito tempo para serem superadas.

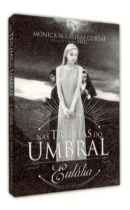

Nas trilhas do umbral: Eulália
Mônica Aguieiras Cortat • Ariel (espírito)
Romance mediúnico • 14x21 cm • 200 pp.

Em *Nas trilhas do umbral*, um time de espíritos encarnados e desencarnados vai nos contar histórias de resgates ocorridos naquela região – e cheios de ensinamentos –, como o da mãe aflita que pede ajuda para resgatar seu filho suicida que se encontra sofrendo nos mais sombrios recantos do umbral.

Episódio da vida de Tibério
Vera Kryzhanovskaia • J. W. Rochester (espírito)
Romance mediúnico • 14x21 cm • 192 pp.

Episódio da vida de Tibério é a obra inaugural da literatura rochesteriana onde o próprio Tibério, Imperador romano, dá testemunho de seu fascínio por Lélia – princesa germânica por quem ele nutriu um amor doentio em mais de uma encarnação –, desvendando a trajetória de suas vidas pregressas e as inúmeras responsabilidades que resultaram de suas ações no passado.

VOCÊ PRECISA CONHECER

Peça e receba – o Universo conspira a seu favor
José Lázaro Boberg
Estudo • 16x22,5 cm • 248 pp.

José Lázaro Boberg reflete sobre a força do pensamento, com base nos estudos desenvolvidos pelos físicos quânticos, que trouxeram um volume extraordinário de ensinamentos a respeito da capacidade que cada ser tem de construir sua própria vida, amparando-se nas Leis do Universo.

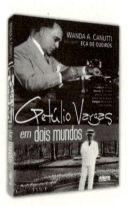

Getúlio Vargas em dois mundos
Wanda A. Canutti • Eça de Queirós (espírito)
Romance mediúnico • 16x22,5 cm • 344 pp.

Getúlio Vargas realmente suicidou-se? Como foi sua recepção no mundo espiritual? Qual o conteúdo da nova carta à nação, escrita após sua desencarnação? Saiba as respostas para estas e outras perguntas, agora em uma nova edição, com nova capa, novo formato e novo projeto gráfico.

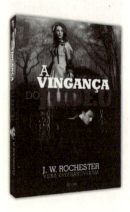

A vingança do judeu
Vera Kryzhanovskaia • J. W. Rochester (espírito)
Romance mediúnico • 16x22,5 cm • 424 pp.

O clássico romance de Rochester agora pela EME, com nova tradução, retrata em cativante história de amor e ódio, os terríveis fatos causados pelos preconceitos de raça, classe social e fortuna e mostra ao leitor a influência benéfica exercida pelo espiritismo sobre a sociedade.

Não encontrando os livros da **EME** na livraria de sua preferência, solicite o endereço de nosso distribuidor mais próximo de você através de
Fones: (19) 3491-7000 / 3491-5449
(claro) 9 9317-2800 (vivo) 9 9983-2575
E-mail: vendas@editoraeme.com.br – Site: www.editoraeme.com.br